RAIMUNDO GODOY e CLÁUDIA BESSAS

FORMAÇÃO DE GESTORES

CRIANDO AS BASES DA GESTÃO

ENTENDA COMO DESENVOLVER UMA GESTÃO FOCADA EM RESULTADOS

AQUILA
ESCOLA DE GESTÃO

Belo Horizonte
2023

CB049758

Projeto gráfico e diagramação:

Walter Santos

Bibliotecário responsável:

Maurício Amormino Júnior (CRB6-2422)

Dados Internacionais de Catalogação na Publicação (CIP)

(eDOC BRASIL, Belo Horizonte/MG)

G589f	Godoy, Raimundo.
	    Formação de gestores: criando as bases da gestão / Raimundo Godoy, Cláudia Bessas. – 2. ed. Belo Horizonte (MG): Aquila, 2021.
	    208 p. : il. ; 15,5 x 22,5 cm
	
	    Inclui bibliografia
	    ISBN 978-65-990007-7-5
	
	    1. Administração. 2. Eficiência organizacional. 3. Sucesso nos negócios. I. Bessas, Claudia. II. Título.
	
	                       CDD 658.409

Escola de Gestão Aquila

www.aquila.com.br

escoladegestao@aquila.com.br

Sumário

SOBRE O LIVRO

O objetivo deste livro é traduzir os conceitos de gestão para uma linguagem simples e de fácil compreensão. O leitor é convidado a praticar a gestão nos desafios do dia a dia, alavancando sua capacidade de identificar e capturar oportunidades a partir da explicação e de exemplos práticos de cada passo do método PDCA (Planejamento, Execução, Verificação e Ação).

A inspiração para o livro veio da história de pessoas que querem aplicar o método PDCA, mas que, ao buscarem literaturas sobre o tema, deparam-se com livros cansativos, técnicos e com um vocabulário distante da sua realidade.

Após ler este livro, é possível perceber que o PDCA, apesar de parecer simples e fácil, tem muita profundidade e força. Sempre haverá mais a aprender sobre o tema, sendo este livro apenas o início do estudo.

Aproveite e boa leitura !

PREFÁCIO

Faz 32 anos que iniciamos, na Escola de Engenharia da UFMG, um movimento pela melhoria da gestão no Brasil. Implementamos o Programa resultante da pesquisa que fizemos sobre o que de melhor havia sobre o assunto no País e exterior. Optamos pelo modelo japonês pela sua simplicidade na implementação, não sem antes adaptá-lo às condições brasileiras. Foi um movimento avassalador, difundido em todo o País. Contamos com o apoio do Japão, nosso principal parceiro, para o qual realizamos 33 missões de executivos brasileiros de longa e curta durações e de lá trouxemos 10 especialistas. Com apoio desses técnicos foram editados vários textos, adaptados ao nosso ambiente. Na década de 90, treinamos cerca de 650 mil executivos. Em 1996, fomos reconhecidos pela JUSE-União de Cientistas e Engenheiros Japoneses como o 2º movimento internacional de gestão, organizado e sistemático, sendo o 1º o Japão, é claro. O movimento pela gestão contribuiu de forma significativa para que muitas empresas se desenvolvessem e se tornassem importantes multinacionais brasileiras. Depois de cumprir nosso tempo na UFMG, instituímos a FDG-Fundação de

Desenvolvimento Gerencial, em 1997, que completa 20 anos de atividades. Por força do Novo Código Civil Brasileiro, tornamo-nos uma instituição assistencial e criamos o INDG para continuar trabalhando para empresas e outras instituições. A partir de 2003, a FDG trabalha somente na área educacional.

Em 2011, fundou-se o Instituto Aquila, por um grande número de consultores, capitaneados por Raimundo Godoy e Rodrigo Godoy. O Aquila completa 7 anos, com cerca de 450 profissionais, entre os quais consultores com grande experiência no País e exterior, 1100 projetos executados, no Brasil e em mais 16 países. Isto tem contribuído para produzir excelentes resultados em empresas e instituições públicas, garantindo consistente crescimento e reconhecimento do Instituto. Resultados relevantes, a valores justos e no prazo estabelecido são a sua marca.

No momento, temos então duas pujantes instituições difundindo e praticando a gestão para melhoria de resultados. A FDG, envidando esforços para melhoria da educação, com equipe própria, muito competente, devotada à missão assistencial a que se propõe. O Instituto Aquila em pleno crescimento e compatibilizando a sua equipe na busca do atendimento da demanda também crescente. Ele está sempre recrutando e treinando novos colaboradores, para que possa cumprir com competência a tarefa de executar os projetos contratados. No esforço empreendido pelo Aquila, e para facilitar a difusão da gestão, destaca-se a produção de livros-textos didáticos, que expõem a matéria de forma abrangente, porém de acessível compreensão. Isto é devido ao fato de revelarem a grande experiência dos autores no exercício do ensino e da assistência técnica. Já conduziram centenas de projetos em empresas nacionais e no exterior, com a produção de resultados extremamente relevantes. Neste contexto, o livro FORMAÇÃO DE GESTORES- Entenda Como Criar uma Base de Gestão Focada em Resultados espelha a competência e vivência dos autores, conforme abaixo:

RAIMUNDO GODOY tem uma vida dedicada ao trabalho. Desde jovem vive esta realidade. Aos 15 anos, eu o ajudei a conseguir um emprego no setor de expediente da ALCAN, com a intermediação de um colega meu de turma. Na busca de melhores rendimentos e oportunidades, mais tarde, por iniciativa própria, buscou outro emprego. Trabalhando durante o dia e estudando à noite, concluiu o curso médio. Depois fez Engenharia Química na UFMG, período em que foi professor em colégios. Depois da graduação, vinculou-se ao Grupo FIAT, onde permaneceu por 19 anos. Como executivo em nível de Diretor, trabalhou no Brasil, Argentina e Espanha. Uma carreira vitoriosa, sem dúvida. A partir de 2000, vem se dedicando à consultoria, quando se vinculou à FDG, depois ao INDG e agora ao Aquila, como sócio fundador. Pelo fato de ser meu irmão, a sua incorporação ao quadro de consultores se deu pelo aval de outro instituidor da FDG, que observou o seu desempenho em uma empresa na Colômbia. Raimundo enfrentou grandes desafios, liderando projetos no Brasil e exterior, principalmente na Europa e Estados Unidos. É competentíssimo naquilo que faz e um campeão na produção de resultados. Sabe mobilizar uma empresa na tarefa de atingir e superar as metas estabelecidas. Tem o mérito incontestável que é o de nunca deixar de transmitir aos jovens seus conhecimentos. É um grande professor, com a característica de desafiar os jovens ao extremo, sempre criando desconfortos para motivar os colaboradores à melhoria contínua. Outra característica importante é a capacidade de captar clientes. Nas instituições citadas, montou uma carteira muito significativa por sua própria iniciativa. No livro ora em apreço transmite-se esta preciosa experiência.

CLÁUDIA BESSAS JUSCELINO, graduada pela Faculdade de Engenharia Industrial (FEI) em Ciência da Computação, consultora sênior, com mais de 10 anos de experiência, é sócia fundadora do Aquila. É uma pessoa extremamente inteligente e devotada ao Instituto. Atuou em empresas da Europa e da América do Sul, em 10 países, implementando soluções de excelência operacional, como alinhamento de metas, gestão de processos, de despesas e receitas, em áreas de Mineração, Siderurgia e Metalurgia, Construção, Agronegócio, Alimentos, Comunicação e Publicidade, Esportes e Telecomunicações. Cláudia expressa neste texto a experiência adquirida na teoria e na prática, contribuindo de forma admirável para que o leitor possa exercitar os conceitos de forma autônoma. Cada integrante da nossa equipe tem uma história interessante. O INDG iria iniciar um projeto na França e precisávamos de consultores que falassem francês. Encontramos no nosso banco de currículos, por sorte, que a Cláudia é fluente em francês. Entramos em contato, chamando-a para a entrevista/testes e mandamos as passagens aéreas. No início, ela pensou que seria alguma "pegadinha", pela forma repentina do contato, sem muitas explicações. Ainda mais incorrendo em despesas com passagens, o que pareceu ser bom demais para ser verdade (às vezes, temos receio de aceitar coisas boas pensando no pior!). Cláudia nunca tinha viajado de avião; a vinda a Belo Horizonte seria o seu primeiro voo. Mas acabou acreditando, veio à entrevista e foi aprovada. O primeiro desafio foi o projeto na região de Lyon, na França. Perguntada sobre o porquê de estudar francês, ela não soube dizer. Certamente, foi a Providência Divina. Depois de trabalhar em 10 países, sua base atual é Londres e conduz projetos em Portugal. Pode-se concluir que um consultor tem que estar preparado para desafios de grande monta e contar sempre com alta taxa de imprevisibilidade.

Tenho a plena convicção de que este livro, pela sua simplicidade na abordagem dos assuntos envolvidos e sua abrangência, pela forma didática com que desenvolve todos os tópicos, recheados de exemplos, relatos, contribuirá de forma eficaz para a formação de novos especialistas em gestão, no mundo acadêmico e nas empresas e instituições públicas. É uma obra muito relevante para a tão necessária melhoria da competitividade do País.

Belo Horizonte, dezembro de 2017

Prof. José Martins de Godoy, Dr. Eng.
Presidente
Conselho de Administração do Aquila

AGRADECIMENTOS

RAIMUNDO GODOY

Sonhos sonhamos sozinhos, mas torná-los realidade não é tarefa individual.

Este livro foi antes sonhado, idealizado, desenhado em rabiscos na cabeça e no coração, mas transformar pensamentos em palavras, emoções em fatos, experiências de trabalho e vida em literatura exigiu que eu escolhesse alguns parceiros de caminhada e luta.

Cláudia Bessas, a quem agradeço pelos longos anos de parceria, confiança e amizade, pela clareza e sensibilidade com que deu forma ao sonho.

À Natália, minha filha e sócia, a quem dedico grande admiração, agradeço pela minuciosa correção e imprescindível participação neste livro.

Érico Barros e Roberto Heleno, amigos e parceiros, pela revisão e colaborações enriquecedoras.

Paulo Coimbra, pela confiança, paciência e dedicação.

Aos colegas e sócios, por estarem ao meu lado sempre, "em águas bravas ou serenas", e serem apoio e estímulo para que eu não desista jamais.

Ao professor Godoy, pelo prefácio e por todos os ensinamentos durante a nossa vida juntos, meu exemplo de força e perseverança.

Aos clientes, com os quais aprendemos sempre, por serem fontes de inspiração e por despertarem o desejo da continuidade e de sermos cada vez melhores naquilo que fazemos. São os maiores incentivadores da nossa profissão.

E, por fim, agradeço à minha família pelo apoio, incentivo, respeito à minha profissão e por serem a certeza de que todo esforço e luta valem a pena!

Gratidão a todos!

Gratidão a Deus!

Dedico este livro aos meus netos, Manuela e Raimundo (Raimundinho), que são o resumo da minha vida, minha herança, o amor mais profundo e aqueles que continuarão escrevendo a minha história.

Raimundo Godoy

CLÁUDIA BESSAS

Muitas pessoas incríveis contribuíram com a realização deste projeto. Sou grata a todas elas e a Deus por tê-las colocado no meu caminho.

Aos sócios do Aquila por compartilharem o sonho de disseminação do conhecimento de gestão e aos clientes pela parceria e pela confiança que nos depositam a cada projeto.

Obrigada professor Godoy, Paulo Coimbra, Gustavo Massa, Roberto Heleno, Érico Barros, Natália Godoy e Nabila Fonseca pela cobrança de evolução do projeto, pela revisão, pelas horas de reflexão e pela contribuição ímpar no desenvolvimento do conteúdo.

Em especial, agradeço ao Raimundo Godoy, fonte de inspiração profissional com quem tenho o privilégio de conviver há mais de 10 anos. Obrigada pelos incansáveis ensinamentos, pelos conselhos, pelo exemplo de liderança e pela oportunidade de escrever em conjunto este livro.

Dedico este livro a minha família pelo incentivo e compreensão infinita: Marcio (marido), Waldemar (pai), Manon (mãe) e Cris (irmã).

A todos os colegas de trabalho (clientes e Aquila), pela oportunidade de aprendizado diário.

Cláudia Bessas

INTRODUÇÃO

INTRODUÇÃO

O mundo moderno se profissionalizou de tal maneira que, para sobreviver, é necessário estar cada vez mais preparado. É preciso fazer diferente, melhorar sempre, buscar novos patamares. O conhecimento em gestão tornou-se um requisito básico para qualquer profissional, pois ele dá velocidade à resolução de problemas, apoia a tomada de decisão com foco em resultado e cria caminhos para a sobrevivência e a diferenciação.

O método PDCA, unido ao conhecimento técnico e à força de uma liderança, é uma poderosa ferramenta no mundo global.

Líderes capazes de motivar suas equipes, mostrando-lhes o porquê dos caminhos a serem seguidos, encontram no método a disciplina do como fazer, potencializando os seus conhecimentos técnicos para produzirem resultados realmente extraordinários.

Mas o método não é exclusivo aos escritórios ou às indústrias. Ele pode ser utilizado por todas as pessoas, desde a dona de casa que gere os problemas do lar até o executivo que tem que tomar decisões sobre o futuro de uma multinacional.

A inspiração deste livro veio da história de pessoas comuns que gostariam de aplicar o método para resolver problemas e capturar oportunidades no seu dia a dia, mas que, ao buscar literaturas sobre o tema, deparam-se com livros cansativos, técnicos e com um vocabulário distante da sua realidade.

A sua ambição, portanto, é a de possibilitar aos seus leitores o 1º passo para colocar em prática o método PDCA e produzir melhores resultados em seus negócios, empresas e vidas pessoais.

"Se eu tivesse oito horas para derrubar uma árvore, passaria seis afiando meu machado".

Abraham Lincoln

O MÉTODO PDCA

SOBRE O MÉTODO

João, um jovem recém-formado, em seu novo emprego em uma fábrica de alimentos, aborda seu superior sobre uma grande expectativa em seu programa de trainee: entender o que era exatamente um método de gestão, já que se sentira sempre intimidado com a sopa de letrinhas aprendida na faculdade, não sabendo exatamente quando aplicar uma coisa ou outra.

José, o líder, mesmo evitando aprofundar-se no tema arguido pelo jovem, convida-o para o almoço, momento no qual João tem a oportunidade de discorrer sobre o seu período de universitário.

Rapaz de origem simples, poucos recursos, mas obstinado em se formar em Engenharia, João planejara com bastante antecedência a sua ida à faculdade. Com um cargo administrativo em uma pequena empresa de sua cidade natal, conseguira juntar o dinheiro que precisava, porém, já no primeiro ano do curso, o dinheiro, que era contado, foi escasso, pois as contas superaram suas expectativas. Colocando tudo no papel, João viu que energia e transporte haviam sido seus maiores problemas e que, naquele ritmo, não conseguiria completar o curso por dificuldades financeiras. Logo, se quisesse mesmo se formar engenheiro, ele precisaria reagir.

Para garantir o seu sonho, João passou a cronometrar e a reduzir o tempo dos banhos e transferiu as noites de leitura no sofá de casa para a sala de estudos da faculdade. Com uma bicicleta doada por um colega que acabara de se formar, substituiu o ônibus como meio de transporte para o campus, o que praticamente zerou todo o seu gasto com condução. Dessa forma, ao fim do 2º ano, controlando mensalmente todos seus gastos e corrigindo a rota quando necessário, João havia gastado menos do que era esperado e conseguira, inclusive, cobrir a diferença do 1º ano.

José, escutando a história do garoto, enxergou a oportunidade que precisava para lhe explicar o que era um método de gestão: independentemente do método (PDCA, DMAIC, A3 ou o 8D), todos eles tinham a mesma essência – planejar, executar, verificar e agir. Ou seja, mesmo sem perceber, o garoto havia aplicado esses quatro passos para conseguir finalizar a faculdade. Ele planejou os recursos, executou seu plano, verificou no 1º ano que a rota não estava adequada, reajustou a rota e obteve um bom resultado no 2º ano, o qual deveria ser pelo menos mantido nos anos seguintes.

O PDCA é um método para identificação e captura de oportunidades muito utilizado pelas empresas no mundo todo. Para quem o conhece (Planejar, Executar, Verificar e Agir), sua aplicação pode parecer algo óbvio e até natural. No entanto, poucas pessoas o fazem com excelência.

É comum encontrar pessoas que não valorizam a fase do planejamento, ou que saem propondo ações com base nos efeitos e não nas causas dos problemas.

Para ter sucesso na aplicação do método é preciso ter disciplina na execução de cada um dos seus passos e, se necessário, quebrar paradigmas!

Mesmo sendo óbvio, como no nosso exemplo do João, o método esconde uma profundidade muito grande na coerência entre seus passos. Sempre há o que aprender, seja uma nova aplicação ou novas ferramentas. Esse assunto é inesgotável!

Por meio da aplicação de 4 estágios simples (Planejar, Executar, Verificar e Agir), o método PDCA garante a MELHORIA CONTÍNUA dos processos e o desenvolvimento de uma gestão mais estruturada e com foco nos resultados.

O PDCA é, portanto, um ciclo virtuoso, pois, a cada aplicação, proporciona resultados melhores, devendo sua utilização ser constante dentro das empresas, em todos os níveis gerenciais, processos e atividades.

A EVOLUÇÃO DO MÉTODO

Assim como a sociedade e a tecnologia evoluem, a gestão também deve evoluir.

Na época das cartas de papel, aguardar uma resposta por dias – às vezes, meses – era algo natural. Hoje em dia, o tempo parece mais curto, as novas tecnologias permitem a comunicação em tempo real, independente das enormes distâncias. O mundo tornou-se mais impaciente, demandando respostas cada vez mais rápidas e, nesse contexto, a gestão precisa evoluir para ser capaz de responder em tempo essas demandas.

Na gestão moderna, portanto, a velocidade é fator diferencial: "sobrevivem aqueles que se adaptam mais rápido".

Se verificarmos a taxa de mortalidade das empresas brasileiras, podemos constatar resultados bastante perversos: de acordo com o SEBRAE, 23,4% das empresas abertas em 2012 não ultrapassaram 2 anos, índice que já foi maior no passado.

TAXA DE MORTALIDADE DE EMPRESAS DE DOIS ANOS:
EVOLUÇÃO NO BRASIL

45,8% 44,6% 23,8% 24,2% 23,4%

2008   2009   2010   2011   2012

Ano de constituição da empresa

Figura 01 – Evolução da taxa de mortalidade das empresas no Brasil
Fonte: Sebrae – Sobrevivência das Empresas no Brasil 2016

Sabemos que nas crises nem todos perdem e que, da mesma forma, nos períodos de crescimento nem todos ganham. O que faz a diferença em qualquer negócio ou atividade é a capacidade e a velocidade para antecipar as tendências e reagir às mudanças. Nesse sentido, o PDCA apresenta-se como uma ferramenta importante no processo de adaptação.

"Não é o mais forte que sobrevive, nem o mais inteligente,
mas o que melhor se adapta às mudanças"

Charles Darwin

Dessa forma, o próprio PDCA é um método em constante evolução: novas tecnologias surgem todos os dias e podem ser aplicadas para nos ajudar a fazer mais com menos.

O intuito deste capítulo é mostrar, de forma resumida, como o método evoluiu ao longo de mais de 100 anos.

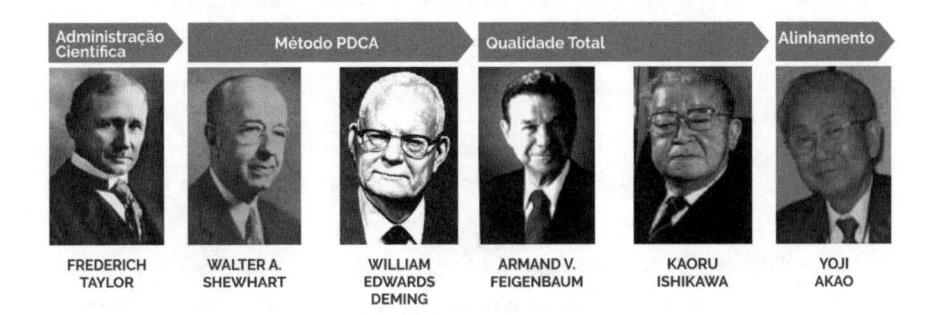

Figura 02 – Alguns estudiosos e executivos de destaque na evolução da gestão

A primeira vez que um método científico foi proposto para a administração de empresas foi em 1911, por meio do livro sobre Administração Científica publicado por Frederick Winslow Taylor. A prática sugerida à administração industrial era linear (tinha início, meio e fim) e estava voltada para o **PRODUTO:** especificar, produzir e inspecionar.

Em resumo, esses três passos ajudavam a estruturar uma forma de produzir mais e ser mais competitivo (menores custos).

Na década de 30, Walter Andrew Shewhart, considerado o pai do Controle Estatístico do Processo, sugeriu em sua obra, *"Statistical method from the viewpoint of quality control"*, que o processo *"plan-do-see"* – até então linear – fosse visto agora de uma forma cíclica e encarado como sistema.

A mudança pode até parecer pequena, ou puramente retórica, mas a ideia de realimentar o sistema a cada novo ciclo fez com que as análises dos problemas e erros dos ciclos anteriores passassem a ser consideradas nas novas fases de planejamento, o que garantiria o aprimoramento contínuo.

A **QUALIDADE DO PRODUTO** passou a ser o foco. Dessa forma, falhar continuava a fazer parte do processo, mas falhar sempre pelo mesmo motivo passou a ser considerado um desperdício: lições aprendidas passavam a ser insumos importantes para o novo ciclo. A melhoria da qualidade diminui os desperdícios da produção e, consequentemente, reduz as despesas e aumenta a produtividade.

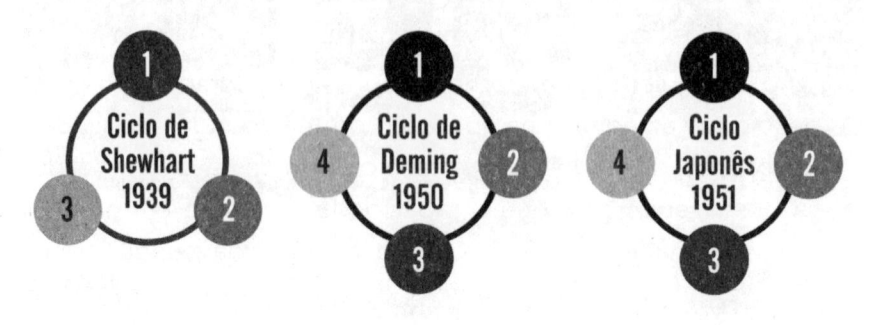

1. Especificação (*Specification*)

2. Produção (*Production*)

3. Inspeção (*Inspection*)

1. Projetar o produto, com os devidos testes (*Plan*)

2. Produzir e testar na linha de produção e no laboratório (*Do*)

3. Colocar no mercado/ Vender o Produto (*Check*)

4. Testar o produto em campo e através de pesquisas de Market. Descobrir o que os usuários pensam sobre o produto e o porquê os não usuários não o adquiriram. (*See*)

1. Planejar (*Plan*)

2. Executar (*Do*)

3. Verificar (*Check*)

4. Agir (*Act*)

Figura 03 – Ciclos de melhoria. Shewhart desenvolveu o ciclo de melhoria que depois foi aperfeiçoado por Deming no formato do PDCA

Hoje, pode parecer clichê falar de foco no cliente, mas, em meados de 1940, essa foi uma contribuição inovadora de William Edwards Deming, que acrescentou a análise do produto (serviço) como mais uma fase do método.

Foi por meio do trabalho de Deming que o PDCA se disseminou mundialmente durante e após a Segunda Guerra Mundial.

Em 1947, quando o Japão era ocupado por forças aliadas, Deming recebeu a missão de ir ao país para dar suporte ao censo japonês de 1951. Toda sua experiência reconhecida pela melhoria dos processos produtivos nos EUA lhe rendeu um convite da União Japonesa de Cientistas e Engenheiros (JUSE) para ajudar na reconstrução do país devastado pela Segunda Guerra Mundial. O resultado deste trabalho viria a consagrar o nome de Deming na História.

Deming, assim como Shewhart e Joseph Moses Juran (outro nome de destaque), acreditava na aplicação de técnicas gerenciais para a melhoria da qualidade. Essas técnicas, unidas à disciplina dos japoneses, fizeram com que a capacidade do Japão em produzir com alta qualidade e baixo custo fosse reconhecida mundialmente. E foi assim que, com essas práticas, o Japão conseguiu passar de um PIB de 91 bilhões (USD) em 1965, para 1,1 trilhão (USD) em 1980 (Fonte: The World Bank). Os japoneses contribuíram muito para a evolução do método.

Kaoru Ishikawa, teórico e professor da faculdade de Engenharia da Universidade de Tóquio, foi figura chave das iniciativas japonesas para o desenvolvimento da qualidade. Uma das suas principais heranças é o diagrama de causa e efeito, ou Diagrama de Ishikawa, o qual será amplamente apresentado nos próximos capítulos deste livro.

Além disso, foi Ishikawa quem sugeriu que o último passo do método de Deming, o *"See"* (Ver), fosse substituído por *"Take Action"* (Tomar Ação). Para os japoneses, o verbo *"See"* sugeria uma atitude passiva, contrária ao que se é esperado na aplicação do método: após avaliar os resultados, é preciso agir rapidamente!

Dessa forma, surgiu a versão japonesa do método, a qual é mantida até hoje: *"Plan-Do-Check-Act"*.

Em paralelo, nos Estados Unidos, Armand Feigenbaum publicava o livro, campeão de vendas, "Total Quality Control (1961)". Feigenbaum enfatizou o ponto de vista administrativo e de relações humanas como uma questão básica das atividades de controle de qualidade, apresentando, assim, um programa de controle da qualidade mais abrangente: o programa da Qualidade Total. Mais tarde, em 1966, Yoji Akao, juntamente com Shigeru Mizuno, desenvolveu o *Quality Function Deployment* (QFD): qualidade como medida da satisfação do cliente (*interno ou externo*).

Em seu livro "A Gestão no Brasil", o Professor Carlos Bottrel Coutinho conta a história do movimento pela Gestão da Qualidade que ajudou a mudar o país. Como participante ativo desse movimento, ele narra a origem da parceria da Escola de Engenharia da UFMG com a JUSE (União dos Cientistas e Engenheiros Japoneses, do inglês Union of Japanese Scientists and Engineers), que deu origem ao 1° Programa de Qualidade Total – TQC do Brasil. Esse programa, por intermédio de cursos, seminários e missões de executivos brasileiros ao Japão, tinha como objetivo trazer o conhecimento desenvolvido sobre a Qualidade Total para terras brasileiras.

Nos últimos 20 anos, o Brasil passou por grandes transformações com o aumento considerável do nível de concorrência e pela consolidação de um mercado consumidor mais consciente e mais exigente em relação a produtos e serviços de melhor qualidade.

Diversos executivos brasileiros que absorveram os conhecimentos vindos do Japão, adaptando as técnicas de gestão ao tempo e à realidade das empresas brasileiras, conferiram a velocidade e a modernidade de que o método necessitava para alavancar a economia brasileira. Entre eles, **Antônio Ermírio de Moraes** e **Jorge Paulo Lemann**, hoje fontes de inspiração para muitos gestores.

Antônio Ermírio de Moraes (junho 4, 1928 – agosto 24, 2014), engenheiro metalúrgico pela Colorado School of Mines, com cadeira na Academia Paulista de Letras, foi um executivo com muito método e disciplina. Ocupou o cargo de presidente e membro do conselho de uma das maiores empresas do Brasil, o grupo Votorantim, como herança de família. Em suas mãos a empresa se internacionalizou, colocando o executivo entre os 100 maiores bilionários do mundo, segundo ranking de 2013 da Forbes.

Em nota de sua morte, a empresa destacou a perda de um grande líder que serviu de exemplo e inspiração por seus valores, como a ética, o respeito interpessoal e o empreendedorismo, e que defendia o papel social da iniciativa privada para a construção de um país melhor e mais justo, com saúde e educação de qualidade para todos.

> Gostaria de deixar um cartaz na sala de reuniões lembrando às gerações futuras que durante minha gestão a Companhia Brasileira de Alumínio, a CBA, cresceu em média 9% ao ano. Espero que elas façam igual ou melhor.
>
> *Antônio Ermírio de Moraes*
>
> Entrevista à revista Veja 05/11/2003

O livro do Prof. José Pastore, "Antônio Ermírio de Moraes – Memórias de um diário confidencial", nos mostra com clareza toda a personalidade e determinação de Antônio Ermírio.

Conforme destacado por Prof. Pastore, mais um momento impressionante de Antônio Ermírio, em termos de gestão, foi seu método de administração no Hospital da Beneficência Portuguesa. Ele sabia na memória todos os números operacionais do hospital, tais como: quantos quilos de roupa haviam sido lavados no dia anterior, quantos litros de leite consumidos, quantos pacientes internados, quantas bolsas havia no banco de sangue, estoque da farmácia etc.

Ainda comparava dados do mês anterior, destacando sua busca por eficiência máxima.

Recomendamos a leitura do livro do Prof. Pastore, é uma grande obra sobre um ser humano maior ainda.

Jorge Paulo Lemann (agosto 26, 1939), empresário brasileiro, formado em economia pela Universidade de Harvard, é figura singular do mundo dos negócios, contando com o reconhecimento dos principais executivos de todo o mundo, em especial por sua privilegiada visão de futuro. Segundo a Forbes, o 19° homem mais rico do mundo em 2016.

Tendo pais vindos da Suíça, fundadores da fábrica de laticínios Lecco, foi ao lado dos brasileiros Marcel Telles e Beto Sicupira que o executivo teve suas maiores conquistas, entre elas a empresa Garantia, as Lojas Americanas, a 3G Capital e a cervejaria AB Inbev, onde é reconhecido por prezar por uma gestão executiva de excelência e pelo desenvolvimento das pessoas.

Em 2008, a AB Inbev tornou-se a maior cervejaria do Mundo com a compra da Anheuser-Busch, dona da marca Budweiser. A 3G, responsável pelas marcas Burger King e Tim Hortons, adquiriu, em 2013, a fabricante norte-americana de ketchup H. J. Heinz Company, em uma parceria com o grupo Berkshire Hathaway, do investidor Warren Buffett.

Jorge Paulo é também fundador da Fundação Lemann e participa, como patrocinador, da Fundação Estudar e do Instituto Tênis.

Em reportagem sobre a vida do executivo, o *Financial Times* disse que Lemann "'tropicalizou' modelos de gestão internacionais para criar algo genuinamente brasileiro". Tal reconhecimento se materializa quando, em 1998, o Credit Suisse compra o Garantia e replica o modelo de gestão deste para as suas operações.

Ao longo desses mais de 100 anos de evolução da gestão, poderíamos citar vários outros nomes que contribuíram para fortalecer, aprimorar e disseminar o método PDCA. Parte deles contribuiu por intermédio do desenvolvimento acadêmico, outros, no entanto, mereceram destaque por terem vivido o método com disciplina, deixando um legado de conquistas inquestionáveis. É com dois desses nomes que gostaríamos de finalizar este capítulo: Peter Drucker e Winston Churchill, exemplos distintos, mas de riqueza igualmente relevante.

Peter Drucker, pai da gestão moderna, considerado um dos maiores especialistas em gestão de negócios, destaca as **PESSOAS** como o recurso mais essencial de uma organização. Com mais de 30 livros publicados, Drucker contribuiu com o desenvolvimento dos mais diversos temas atuais da gestão, entre eles, liderança, gestão por objetivos e estratégia.

Winston Churchill (Woodstock, 30 de novembro de 1874 — Londres, 24 de janeiro de 1965), um homem com grande visão de futuro, estrategista notável, fonte de inspiração para o planejamento e execução (etapas fundamentais do método). Correspondente de guerra em Cuba, na Índia e na África do Sul, Winston Churchill foi prisioneiro na guerra dos Boers, onde protagonizou a fuga que o tornou mundialmente conhecido. Ela é descrita no livro "De Londres a Ladysmith", que reforça, assim como toda sua biografia, suas habilidades de planejamento, execução e reação. Atuante na política por 50 anos, foi o primeiro ministro do Reino Unido durante a Segunda Guerra Mundial. Defendeu a participação dos Estados Unidos no fim do nazismo e mais tarde tornou-se cidadão honorário americano. Apesar da dificuldade de fala citada por diversos autores, Churchill foi orador e estadista de destaque, oficial no Exército Britânico, historiador, escritor e artista.

"... Perguntam-me qual é o nosso objetivo? Posso responder com uma só palavra: vitória – vitória a todo o custo, vitória a despeito de todo o terror, vitória por mais longo e difícil que possa ser o caminho que a ela nos conduz; porque sem a vitória não sobreviveremos." Discurso proferido por Winston Churchill na câmara dos comuns do parlamento britânico, em 13 de maio de 1940.

Aqueles que querem aplicar com sucesso o método precisam de um pouco dessa inquietação de Winston Churchill na busca da vitória, bem como do senso de valorização das pessoas proposto por Peter Drucker. Empresas, países e pessoas que colocaram o método em prática mudaram a história de suas vidas ou até mesmo de uma nação. Por mais difícil que o caminho possa parecer, mantenha o foco e a disciplina. O PDCA pode parecer algo simples e fácil, mas é praticando o método que será possível entender sua profundidade e força. Sempre haverá o que aprender: procure exemplos do seu dia a dia, explore biografias que lhe despertem interesse, fique atento a gestores de destaque. Encare este livro como o início do estudo. Enfim, lembre-se que o método é dinâmico e uma vez que você o aplica, você também está ajudando a evolui-lo.

PLANEJAMENTO

PLANEJAMENTO

P (PLAN / PLANEJAR)	1	LOCALIZAR OPORTUNIDADES	QUAL O PROBLEMA?	ANÁLISE DE LACUNA
	2	ANÁLISE DE FATOS E DADOS	ONDE OCORRE?	ESTRATIFICAÇÃO E PRIORIZAÇÃO
	3	O PROCESSO É CAPAZ?	POR QUE OCORRE? (PROCESSO CAPAZ, PASSO 4. PROCESSO INCAPAZ, PASSO 5.)	
	4	SIM: VER E AGIR	O QUE POSSO FAZER IMEDIATAMENTE?	COMPLEXIDADE E IMPACTO
	5	NÃO: DEFINIÇÃO DA META E PLANO DE AÇÃO	COMO RESOLVER DEFINITIVAMENTE?	DIAGRAMA CAUSA-EFEITO PLANO DE AÇÃO 5W1H

INTRODUÇÃO

A fase de planejamento é extremamente crítica na aplicação do método PDCA.

O investimento de tempo para produzir um bom planejamento tem como consequência um enorme ganho do próprio tempo nas fases seguintes do método, ao garantir o foco e ao reduzir possíveis falhas. Em direção contrária, um planejamento ruim torna as fases seguintes uma sequência de tentativas e erros, ou seja, um processo nada eficiente na busca de resultados. Lembre-se que alcançar um resultado esperado sem ter feito nada é uma questão de sorte e não de competência.

É na fase de planejamento que as oportunidades são identificadas, exploradas e estratificadas em desafios menores. Os esforços, então, são direcionados à compreensão dos gargalos nos processos, os quais impedem a conquista dos resultados esperados, e na elaboração das ações capazes de eliminar esses bloqueios. Também é nessa fase que ações simples e de alta eficácia ("ver e agir") são priorizadas com foco na rápida produção dos primeiros resultados.

Estes são passos naturais do pensamento humano. No desenvolvimento de uma metodologia para explicar o mundo, o filósofo e matemático francês René Descartes já defendia a avaliação das informações para posterior julgamento e estabelecimento de um sistema de pensamento que interpretasse o mundo de forma racional. A primeira e a segunda regra de Descartes são pontos fundamentais da fase de planejamento do PDCA:

- *Primeiro, tomar-se como verdadeiro somente aquilo que se comprove com evidências, ou seja, evitar juízos apressados sobre algo que está incerto. É necessário comprovar com fatos e dados aquilo que se "acha".*

- *a segunda regra, "dividir cada problema que se estuda em tantas partes menores quantas for possível e necessário para melhor resolvê-lo", remete-nos a desdobrar as oportunidades em desafios menores, para que, assim, seja possível melhor capturá-las.*

"O método consiste na ordem e na disposição das coisas, para as quais é preciso direcionar as forças do espírito para se descobrir alguma verdade. Nós o estaremos seguindo

exatamente se reduzirmos gradualmente as proposições complicadas e obscuras às mais simples e se, em seguida, partindo das intuições das mais simples, procurarmos nos elevar pelos mesmos degraus ao conhecimento de todas as outras"

(DESCARTES apud Reale e Antiseri).

Alguns gerentes atribuem a falta de planejamento à pressão realizada para resultados rápidos. No entanto, como já afirmado acima, o tempo investido no planejamento torna o tempo de execução mais eficiente e garante mais tranquilidade em todas as outras etapas do método.

Para demonstrar conquistas rápidas e diminuir a pressão durante a fase do planejamento, devem ser colocadas em prática ações **"Ver e Agir"**, as quais serão tratadas neste capítulo, mas sem abandonar a fase de planejamento, composta por 5 passos, conforme figura abaixo.

Figura 04 – Etapa de Planejamento (Passos 1 a 5)

△ PONTO DE REFLEXÃO

Recentemente, um novo gestor assumiu a administração da prefeitura de uma grande capital brasileira, que, como é a regra, apresentava-se carente de profundas mudanças, porém, sem as devidas condições de caixa para realizá-las. Ou seja, sobravam problemas e pressão por resultados melhores.

Ao organizar sua agenda, ele o fez entre resolver e planejar:

- *Aquilo que era fácil e estava evidente, tratou imediatamente por intermédio de ações "ver e agir" (p.e.: decreto de corte do aluguel de vários carros da prefeitura, com economia de cerca de R$ 100 mil por mês para os cofres públicos, e a instituição de uma série de parcerias público privadas para melhoria de ativos ou serviços oferecidos pela prefeitura, como a reforma de albergues e a execução de exames médicos.*

- *Ao mesmo tempo, sem deixar de lado o planejamento, foi às ruas para buscar evidências das melhorias a serem realizadas e trabalhou na elaboração de um plano ainda mais detalhado.*

Por causa do conjunto de medidas implementadas no primeiro mês de seu mandato (ações ver e agir), o prefeito conseguiu economizar para os cofres públicos, aumentar a confiança na nova gestão e, consequentemente, ganhar fôlego para implementar os demais planos.

As entregas esperadas de um bom planejamento são:

- *Metas desafiadoras (e possíveis de serem atingidas);*
- *Plano de ação robusto capaz de garantir o alcance das metas.*

A seguir, serão detalhados os 5 passos do Planejamento.

LOCALIZAR OPORTUNIDADES

Oportunidades são desafios que precisam ser superados. É essencial ter a consciência de onde se está e a visão clara de onde se precisa ou pretende chegar, e em quanto tempo.

Dentro das instituições, os desafios apresentam-se em duas formas básicas: problemas e oportunidades.

Problemas são aqueles obstáculos que afetam diretamente nossos negócios, destruindo valor e deteriorando os seus resultados: o objetivo é conseguir entendê-los e encará-los como oportunidades de melhoria.

As oportunidades são definidas a partir de situações propícias para a alavancagem dos resultados da empresa. Aqui, a questão é como estar preparado ou habilitar-se para conseguir capturá-las.

Tanto os problemas quanto as oportunidades surgem naturalmente, seja pela ação dos agentes internos (pessoas, máquinas, processos, padrões, etc), seja pela influência de agentes externos (concorrentes, clientes, natureza, governos, sociedade civil, acionistas, etc)

Muitos gestores não conseguem enxergar e capturar as oportunidades, porque estão absorvidos em suas rotinas por uma série de problemas a resolver.

Do ponto de vista da Qualidade Total, o método libera tempo e energia dos gestores, potencializando os sensos de orientação, organização, urgência e foco. Há que se ter tempo tanto para superar os obstáculos que destroem valor, como também para desobstruir os gargalos que impedem a captura das oportunidades.

O aprendizado com a solução dos problemas deve habilitar o gestor a lançar desafios para toda a instituição. Além disso, a intolerância com a repetição de erros deve liberar o tempo e a energia desse gestor para exercitar o método cada vez mais na busca constante de novos e maiores patamares de resultados: tolerância zero com erros velhos.

△ PONTO DE REFLEXÃO

Em uma tribo, os problemas ao pôr do sol precisam ser resolvidos até o nascer do sol, e os problemas do nascer do sol precisam ser resolvidos até o pôr do sol.

TOLERÂNCIA ZERO COM ERROS VELHOS

As fontes de oportunidades em uma empresa são infinitas e muitas delas estão escondidas em dados que raramente são analisados.

Um bom início passa por entender o negócio e percorrer os processos em busca de sintomas que apontem para possíveis focos de oportunidade.

Uma alta variabilidade no resultado de um processo, por exemplo, é um indício de oportunidade.

Conversas informais com as pessoas envolvidas nos processos são uma ótima forma de entender o negócio, haja vista que elas têm, de fato, autoridade sobre cada atividade e, dessa forma, encontram-se habilitadas a apontar possíveis fontes de desperdícios, a serem confirmadas posteriormente por meio de análises de dados.

Por esse motivo, todo gerente deve dedicar algum tempo do seu dia para ouvir seus funcionários, com o único objetivo de identificar fontes de oportunidades de melhoria. É importante ir a campo e sentir as "dores" dos funcionários na execução de suas tarefas: é lá que, de fato, produzem-se os resultados, é lá que ocorrem os erros, é lá que se encontram as oportunidades.

Outra maneira prática de começar a visualizar oportunidades passaria por saber expressar, por intermédio de uma figura, a cadeia de valor da organização, relacionando macroprocessos, variáveis do negócio e resultados.

Figura 05 - Fonte de Oportunidades

A figura 05 acima mostra um processo produtivo genérico formado por compra e armazenamento de matéria-prima, logística, transformação e vendas.

Quando nos aprofundamos no processo de compras, uma forma de buscar oportunidade é procurar entender quão longe se está dos resultados relacionados à formação de custos de matérias-primas e também à formação dos estoques desses materiais, bem como seus prazos de duração. As metas estão sendo alcançadas?

Qual é o meu nível atual de competitividade, como estão os meus concorrentes e qual patamar é exigido pelo mercado?

PROCESSO	VARIÁVEL DE NEGÓCIO	RESULTADO
COMPRAS	Formação de custos (CMV, CPV)	• Lucro Bruto (Margem Bruta) • EBITDA (Margem EBITDA) • Lucro Líquido
	Formação de Estoques (PME)	• Custo de Capital • Ciclo Financeiro • Lucro Líquido

Figura 06 - Fonte de Oportunidades

A análise do mercado, da concorrência e o *feedback* do cliente (interno ou externo) do processo também são boas fontes de informação. No entanto, lembre-se de que opiniões que não podem ser comprovadas não são fontes de oportunidade: são necessários fatos e dados.

Nem sempre os dados estão disponíveis de modo fácil, ágil e confiável.

Em empresas ou processos com baixa maturidade de gestão, uma etapa prévia de coleta dos dados poderá se fazer necessária.

A confiabilidade dos dados é essencial para garantir uma boa análise. Dados ruins podem comprometer toda a fase de identificação de oportunidades, e, consequentemente, a conquista de um novo patamar de resultado.

Neste capítulo serão mostradas algumas ferramentas simples para identificar ou comprovar a existência de oportunidades. No entanto, antes de apresentar tais ferramentas, faz-se necessário alinhar, de forma definitiva, o conceito de oportunidade utilizado neste livro.

DEFININDO A OPORTUNIDADE

Oportunidade é a distância entre onde estou até onde quero chegar. É a diferença entre a situação atual e a situação desejada.

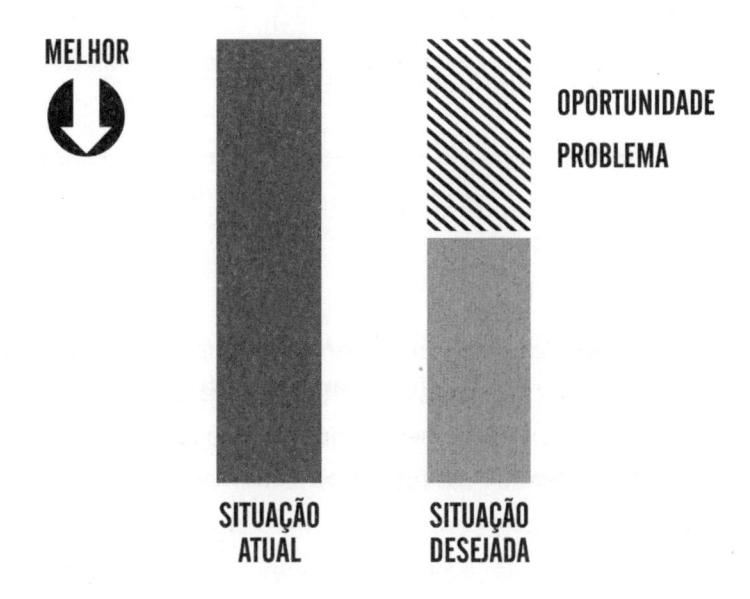

Figura 07 – Oportunidade

Como vimos anteriormente, as oportunidades podem ser caracte-rizadas por algum tipo de resultado que deixamos de atender ou produzir, ou por novos patamares de resultados que almejamos.

Em ambas situações, é possível afirmar que haverá 3 fontes essenciais geradoras dessas oportunidades:

- *Os gargalos crônicos: bloqueios sistemáticos e repetitivos em uma ou mais etapas dos processos;*
- *Desempenho abaixo da meta: desvio pontual de resultado, não crônico, causado pela ação também pontual de alguma variável ou agente do processo. Podem tornar-se gargalos crônicos;*
- *Resultados fora da especificação: notadamente, quando o cliente deixa de ser atendido em alguma das entregas reque- ridas em uma ou mais de uma das dimensões da qualidade (prazo, qualidade intrínseca, custo, segurança e moral).*

Essas oportunidades, normalmente, são consequências de perdas do processo.

Se o papel da gestão é habilitar e potencializar a captura das oportu- nidades, também será, necessariamente, seu papel o de reduzir continuamente tais perdas.

Essa é a essência da Melhoria Contínua.

Segundo o Modelo de Produção Toyota, precursor do modelo *Lean*, existem 3 tipos de práticas que geram desperdícios:

- *Perdas por baixa eficiência (do japonês Muda);*
- *Distribuição desigual (do japonês Mura), ou desconexão;*
- *Sobrecarga (do japonês Muri), ou disfunção.*

Para simplificar, utilizaremos as nomenclaturas desperdício, disfunção e desconexão:

▶ *Desperdício – São todos os tipos de perdas. São atividades que consomem recursos, porém não geram valor ao cliente. Citamos abaixo 7 categorias de desperdício, conforme a metodologia Lean:*

- *Transporte* – Qualquer movimento realizado sem agregar valor ao produto. Quanto mais você move, mais energia é aplicada e maior o risco de danificar o produto ou provocar acidente.
- *Espera* – O dia só tem 24 horas; qualquer tempo não utilizado de forma eficiente é um desperdício. Os custos fixos continuam sendo aplicados mesmo quando existe espera.
- *Excesso de Produção* – Produzir mais do que o cliente requer pode acarretar duas perdas: a primeira, o custo de inventário e a segunda, o custo do produto total, uma vez que o produto pode não ser vendido.
- *Defeitos* – Produtos que não atendem à especificação do cliente são desperdícios. Mesmo que possam ser reprocessados, os recursos aplicados não foram eficientes na primeira vez.
- *Estoque* – Qualquer estoque ao longo da cadeia (mesmo de produto em processo) pode ser indício de desperdício. Além do risco de danificar, ter problemas de qualidade ou tornar-se obsoleto, o estoque ocupa espaço que poderia ser utilizado para outras tarefas que agregam valor.
- *Movimentação* – Qualquer movimentação que não agrega valor ao processo é uma forma de desperdício, pois consome recursos (tempo é um deles). Além de movimentações como elevação ou deslocamentos na fábrica, ajustes e alinhamentos necessários antes do início da produção também são considerados nessa categoria.
- *Processamento extra* – Trabalhar mais do que o necessário para agregar valor ao produto é uma forma óbvia de desperdício. Esse tipo de desperdício normalmente acontece como consequência de uma tecnologia inadequada, materiais sensíveis ou prevenção da qualidade. Um exemplo desse tipo de desperdício é a aplicação de embalagem protetora para transporte de material em produção.

▸ *Desconexão – Uma desconexão significa uma incoerência no sistema ou no processo. Nesse sentido, podemos afirmar que a alta variabilidade do processo é uma desconexão, pois como podemos executar um mesmo padrão com as mesmas entradas e obter resultados diferentes? A variabilidade é inerente aos processos, mas é também uma fonte de perdas, uma vez que tem como consequência a variabilidade de qualidade, custo ou entrega.*

A má distribuição da produção no tempo ou entre as máquinas também é uma incoerência, portanto, uma forma de desperdício de tempo e de rendimento do ativo. Se considerarmos uma atividade executada por recursos humanos, a má distribuição das atividades entre os recursos também é uma desconexão.

▸ *Disfunção – É a perturbação do funcionamento de um sistema. Cada indivíduo deve ter uma função clara dentro da organização. Se ele realiza tarefas que não são de sua responsabilidade, significa que está deixando de fazer algo que deveria estar fazendo, ou então, que a função original apresenta, em algum grau, tempo ocioso, ou, como última hipótese, que o indivíduo está sobrecarregado. A sobrecarga de equipamentos ou pessoas também é, portanto, uma disfunção e fonte de desperdício.*

Sobrecarregar pessoas impacta em problemas de segurança ou qualidade, e sobrecarregar as máquinas impacta em defeitos e quebras de equipamentos. O uso de recurso inadequado faz parte dessa categoria, assim como número excessivo de reuniões, e-mails ou demandas que não agregam valor ao produto. O trabalho simplificado e padronizado evita esse tipo de perda; quando as pessoas conhecem a rotina do trabalho é que melhorias no custo, qualidade e na produtividade são atingidas.

FERRAMENTAS PARA IDENTIFICAÇÃO DE OPORTUNIDADES

As ferramentas são essenciais para conferir e quantificar a dimensão da oportunidade.

Dentre elas, elencamos duas que serão exploradas neste tópico: análise de gargalos e análise de *benchmarks*.

ANÁLISE DE GARGALOS

Gargalos são situações de impedimento no sistema, como uma crosta em um encanamento, que impede que a água flua da forma esperada.

△ PONTO DE REFLEXÃO

Certa vez, um gestor convidou-nos a fazer um diagnóstico, pois sentia-se incomodado ao ouvir de seus funcionários que precisava realizar investimentos nos equipamentos, a fim de que estes fossem capazes de produzir melhores resultados.

Seria possível alcançar um novo patamar de resultado de outra forma?

No diagnóstico, ficou demonstrada a existência uma série de gargalos no sistema.

Para demonstrar aos funcionários que ainda era possível melhorar os resultados sem grandes investimentos, fizemos uma análise comparativa (análise de *benchmark*) entre os turnos.

Comparando a produção de um mesmo produto, o segundo turno conseguia alcançar uma produtividade muito maior que o primeiro turno. Parte do trabalho foi entender e compartilhar as boas práticas do turno que apresentava o melhor resultado. Em 6 meses de trabalho, com toda a operação, a eliminação desses gargalos levou a empresa a atingir recordes de produção, sem nenhum investimento representativo.

Portanto, é muito importante, para evitar desperdícios, saber identificar e remover os gargalos.

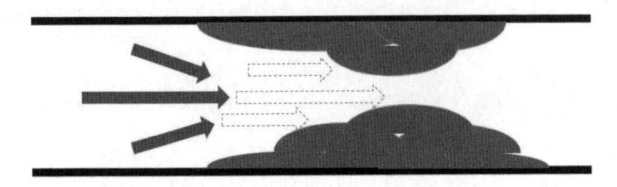

Figura 08 - Gargalo

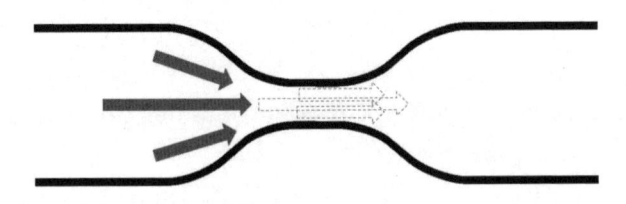

Figura 09 – Restrição

Gargalos são resolvidos com iniciativas de melhoria (times de excelência abordados no Capítulo 7).

As restrições, sim, somente são resolvidas com investimentos, por se tratarem de condições prévias ou naturais aos próprios sistemas.

ANÁLISE DO GARGALO CRÔNICO

Chamamos de gargalo crônico quando processos possuem capacidade suficiente de produção, mas um deles não consegue, de forma recorrente, entregar o volume requerido.

Para identificar um gargalo crônico é necessário entender o fluxo do processo e as medidas de produção de cada um deles.

Ao comparar as medidas de produção de cada etapa, conseguiremos identificar qual é o gargalo do processo.

A figura 10 mostra uma análise realizada em uma fundição de Zinco, na qual a produção é composta por 4 macroprocessos: ustulação, lixiviação/purificação, eletrólise e fundição.

Para fins didáticos, vamos considerar as etapas lineares e com estoques intermediários ilimitados.

Veja que a capacidade instalada do processo é bastante superior ao resultado final alcançado e que a eletrólise está sendo o grande gargalo do processo.

Vale frisar que, potencialmente, pode também existir oportunidade no processo 4, mas essa conclusão somente será possível após a resolução dos problemas no processo gargalo (3- Eletrólise).

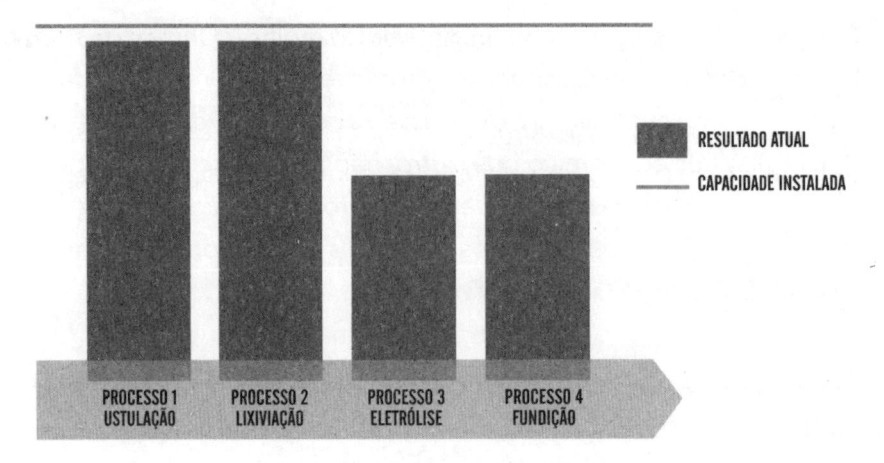

Figura 10 – Análise de gargalo

ANÁLISE DE *BENCHMARKS*

A análise de *benchmark* (melhores práticas) nada mais é do que a análise comparativa de resultados, estabelecendo-se as referências a serem transferidas ou copiadas.

Se já alcançamos uma melhor marca no passado, por exemplo, por que não podemos repeti-la? Se uma unidade de negócio (própria, concorrente ou, ainda, de outros segmentos), com processos semelhantes aos de outra unidade, conseguiu um resultado melhor, faz-se necessário entender as boas práticas que podem ser replicadas.

A análise de *benchmark* é composta por 5 passos:

1. ***Definir "o que" comparar:*** *resultados financeiros, resultados operacionais, credibilidade no mercado, entre outros.*

2. ***Definir os parâmetros adequados***
   Quando queremos comparar performances de unidades de negócio distintas, é necessário trabalhar com indicadores

cujos resultados estejam relativizados, ponderados, por alguma variável capaz de promover essa comparabilidade.

Como exemplo, se desejasse saber se um carro é mais ou menos econômico que outro, não adianta comparar apenas os litros de gasolina que cada carro consumiu no mês. Afinal, os caminhos percorridos pelos dois veículos podem ser muito distintos.

É necessário, portanto, criar uma relação que permita a comparação, que, nesse caso, é saber quantos km/litro cada carro faz.

Indicador relativo = valor / variável geradora desse valor (parâmetro).

A análise comparativa de performances muitas vezes necessitará da utilização de indicadores relativos, parametrizados.

3. Garantir que a comparação é válida

Para comparar processos entre duas unidades distintas de negócio, é necessário haver semelhanças entre tais unidades. Ou, de outra forma, é necessário que não haja diferenças tão significativas que invalidem o racional utilizado.

A comparação do percentual de crescimento entre uma loja no interior do Amapá e uma loja na capital do Rio de Janeiro, por exemplo, pode demonstrar-se frágil:

- *A diferença entre os potenciais de crescimento dos dois mercados é relevante?*
- *Ambas as regiões apresentam o mesmo nível de saturação pela presença de concorrentes?*
- *Ambas as lojas têm o mesmo modelo de atuação – atacado e varejo?*

Algumas vezes faz-se necessário criar agrupamentos para, depois, fazer as análises comparativas. Tais agrupamentos, também chamados de clusters, correspondem a conjuntos de unidades de negócio com caraterísticas operacionais e/ou mercadológicas semelhantes, que ofereçam conformidade a determinado tipo de comparação.

Na análise de uma rede de lojas, por exemplo, poderíamos separar as unidades por:
- Quantidade de funcionários;
- Área das lojas;
- Tamanho do faturamento;
- Tamanho médio da carteira de clientes;
- Tipos de produtos vendidos;
- Localização, etc.

Abaixo uma ilustração de dois agrupamentos criados para definir o *benchmark* entre lojas com mesmo portfólio/ mix de produtos e localizadas em regiões geoeconômicas comparáveis:
- Agrupamento 1: Lojas de até 60m² com até 10 funcionários
- Agrupamento 2: Lojas com metragem entre 61 e 100m² e com número de funcionários entre 10 e 20.

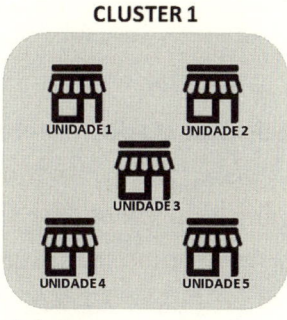

CLUSTER 1

UNIDADE 1   UNIDADE 2
UNIDADE 3
UNIDADE 4   UNIDADE 5

Lojas com:
✓ Até 10 funcionários
✓ Metragem de até 60m²

CLUSTER 2

UNIDADE 1   UNIDADE 2
UNIDADE 3   UNIDADE 4

Lojas com:
✓ De 10 a 20 funcionários
✓ Metragem entre 61 e 100m²

Figura 11 – Clusters de Análise

Ou seja, mesmo tratando-se de uma rede de lojas cujo mix de produtos é estritamente igual para todas e cuja distribuição geográfica se dá apenas em regiões com características sociais e mercadológicas bastante equivalentes, ainda assim, foi necessário agrupá-las segundo duas características adicionais: o tamanho e o número de funcionários.

ATENÇÃO: não há forma de realizar comparações isentas de todas as possibilidades de interferência. Deve-se tomar muito cuidado para que a adoção desse racional se traduza em melhores análises, e não na sua inviabilização.

4. *Coletar e garantir confiabilidade dos dados.*

A confiabilidade e a disponibilidade dos dados são comumente questões críticas nas empresas. Nem sempre a informação é coletada com o nível de detalhamento e de qualidade desejados.

Se o processo de coleta já existir, a conscientização da importância daquela atividade para os envolvidos e a demonstração do produto final podem ser caminhos para garantir dados mais confiáveis.

Se nada existir, o importante é iniciar, mesmo que com processo bastante simples.

5. **Produzir informação útil a partir dos dados coletados (Análises)**
A análise de benchmark deve permitir a identificação de oportunidades para os negócios. Apresentaremos a seguir 4 tipos de análise de benchmark:
- *Histórico;*
- *Interno;*
- *Competitivo;*
- *Funcional.*

BENCHMARK HISTÓRICO

A análise de **benchmark histórico** consiste na comparação do desempenho atual com o desempenho de períodos anteriores.

Se um resultado já foi realizado no passado, pelo menos *a priori*, podemos repeti-lo! Quanto mais desdobrada (anos → semestres → trimestres → meses → semanas → dias) for a análise histórica, maior o potencial de variabilidade a ser identificado e, consequentemente, maior a oportunidade.

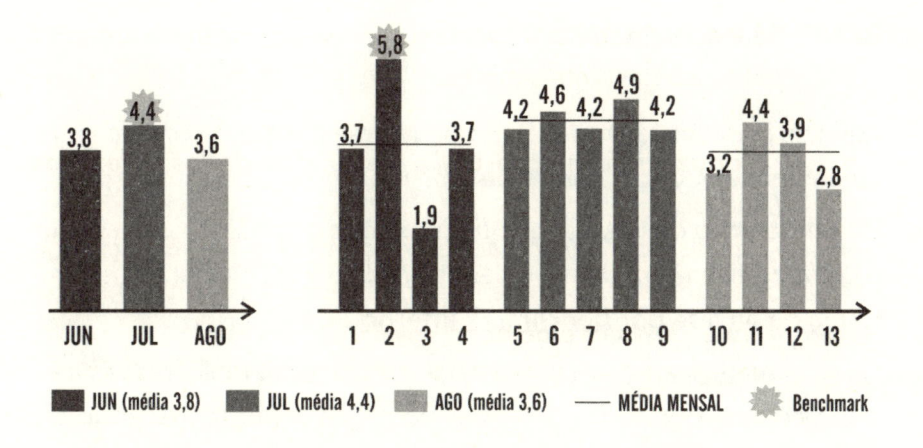

Figura 12 – Análise de *benchmark* – Produção (toneladas por hora)

No exemplo da figura 12, vamos assumir como patamar atual da operação o valor mensal de 3,6 toneladas por hora (referente a agosto). Se fizermos a análise de *benchmark* mensal, veremos que julho foi o melhor mês (4,4 t/hora), o que daria uma oportunidade de melhoria de 0,8 t/hora.

No entanto, se desdobrarmos os valores e compararmos os dados semanais, veremos que na segunda semana de junho foi possível atingir 5,8 t/hora, o que dá uma oportunidade de melhoria de 2,2 t/hora.

Essa oportunidade poderia ser ainda maior se fizéssemos a análise de *benchmark* diária, por exemplo.

Nesse caso, buscar 2,2 t/hora de melhoria é mais desafiador do que buscar 0,8 t/hora, mas antes de estabelecer a meta, é preciso avaliar em quanto tempo conseguiríamos atingir e nos manter nesse nível de performance.

BENCHMARK INTERNO

Além da comparação histórica, é possível realizar a comparação entre unidades de negócio dentro de uma mesma organização.

O comparativo de resultado entre equipes de trabalho, assim como o comparativo entre duas unidades produtivas semelhantes, é uma forma de análise por **_benchmark_ interno**.

O *benchmark* interno visa encontrar e disseminar as melhores práticas que ocorrem dentro de uma mesma organização (entre equipes, turnos, departamentos, países, sedes etc.).

Como exemplo, vamos imaginar uma central de reclamações da empresa que possua 3 equipes trabalhando em turnos diferentes para atender nossos clientes. Se queremos saber qual delas está sendo mais eficiente em resolver as dúvidas levantadas, poderíamos comparar, por exemplo, a média de satisfação do cliente ao término da ligação em cada um dos turnos.

Essa análise é comumente utilizada não só para comparar performances de unidades e equipes, mas também para comparar custos entre unidades, como podemos ver no exemplo da figura 13: análise comparativa de gastos de limpeza em cada unidade (R\$ gastos/m^2).

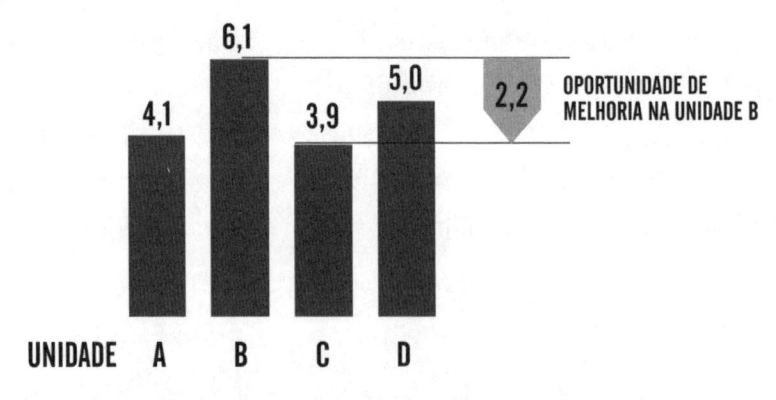

Figura 13 – Análise de *benchmark* – Gastos com limpeza (R\$ / m^2)

BENCHMARK COMPETITIVO

Esses mesmos comparativos citados anteriormente podem ser realizados também entre empresas distintas. Normalmente, as informações necessárias para fazer um *benchmark* competitivo são obtidas por meio de empresas de pesquisa, jornais especializados, sites de investimento, IBGE, associações de classe, entre outros.

Uma rotatividade de profissionais maior que a média do segmento, por exemplo, pode indicar uma oportunidade de redução de custos com contratação e uma necessidade de rever os processos internos de recursos humanos. Esse tipo de análise pode ser aplicada para qualquer indicador da empresa, inclusive para os financeiros, como, por exemplo, margem de contribuição ou rentabilidade.

BENCHMARK FUNCIONAL

A **análise de *benchmark* funcional** compara processos similares entre organizações, independentemente do setor de atividade (empresas não concorrentes). Nesse caso, é necessária a habilidade de reconhecer processos correlatos independentemente do segmento das empresas.

Alguns processos são possíveis de serem comparados mesmo quando não se trata de empresas do mesmo segmento de negócio, como é o caso de processos de recursos humanos, faturamento e administração.

A figura abaixo, por exemplo, compara a rotatividade de pessoal de duas empresas do varejo que não são diretamente concorrentes.

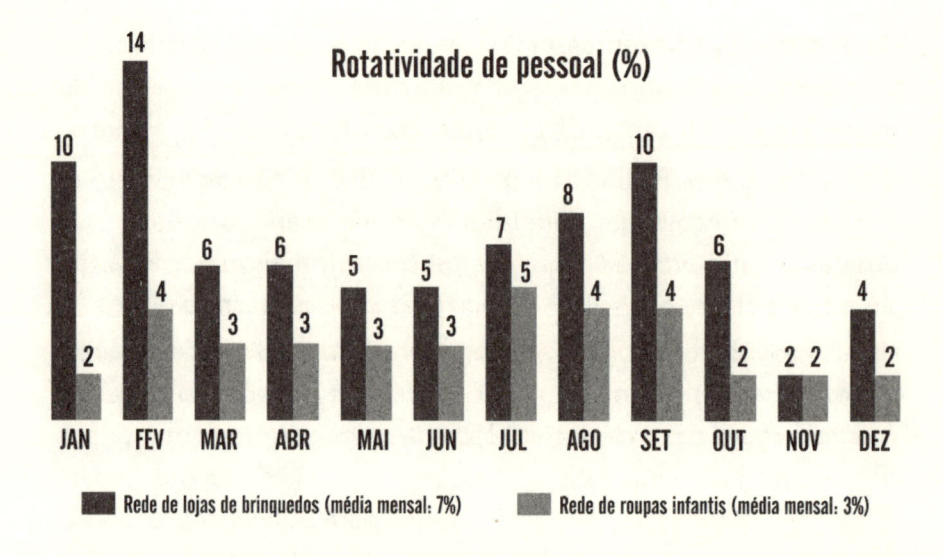

Figura 14 – Análise de benchmark – Turnover varejo (ilustrativo)

ANÁLISE DE FATOS E DADOS

Para subir uma escada, é necessário dar o primeiro passo.

Alguns gerentes falham, pois acreditam que são capazes de subir a escada toda com um passo só, ou seja, que são capazes de propor ações eficientes considerando apenas a oportunidade identificada.

A ambição é algo amplo que precisa ser explorado e estratificado. Tenha disciplina: para comer um boi, é necessário dividi-lo em pedaços!

A análise de fatos e dados tem por objetivo entender as características da oportunidade identificada, dividindo-a em desafios menores, a fim de direcionar os esforços para aquilo que trará mais resultado. **Os desafios menores priorizados são o produto dessa fase.**

Quanto mais tempo for gasto aqui, mais fácil será capturar a oportunidade identificada.

Neste capítulo, apresentaremos duas ferramentas básicas utilizadas para desdobrar a oportunidade: gráfico de Pareto e diagrama de árvore. No entanto, antes de compreender o uso dessas ferramentas, faz-se necessário alinhar o conceito de estratificação e também mostrar algumas formas diferentes de realizá-la.

A palavra estratificação significa "dividir em camadas", ou seja, organizar as informações por tema, buscando entender melhor os fatos. Um problema pode ser desdobrado de diversas maneiras, como, por exemplo, o tempo ou o lugar em que aconteceu. Abaixo, listamos alguns tipos de estratificação:

Tipo de estratificação	Exemplo
POR TEMPO	Mês, período, dia da semana, hora
POR LUGAR	Estado, região, planta, máquina, área, posição
POR TIPO	Matéria prima, produto, tipo de comprador (valor, passivo, conveniência, agressivo)
POR SINTOMA	Justificativa do cliente (ex: acidente, atraso, quebra), defeito, ocorrência
OUTROS FATORES	Turno, operador, método, processo, instrumentos de medida, condições do tempo, ferramentas

Tabela 01 - Tipos de estratificação

Não existe um tipo de desdobramento que funcionará para todos os problemas. É necessário avaliar caso a caso para descobrir que tipo de desdobramento irá facilitar a priorização.

A seguir, desdobramos uma mesma oportunidade de duas formas diferentes: retrabalho por produto e retrabalho por equipe.

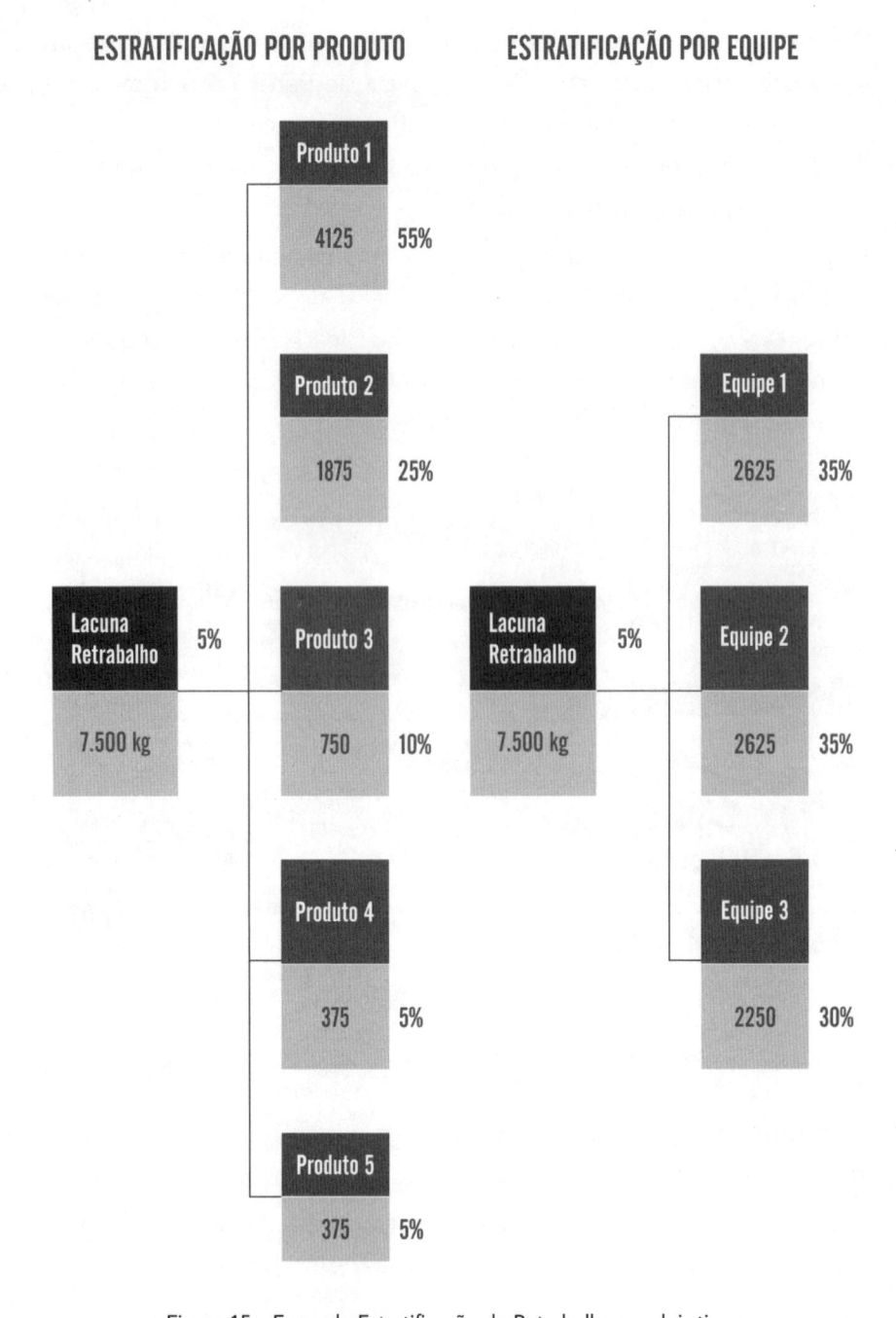

Figura 15 – Exemplo Estratificação do Retrabalho em dois tipos

Nesse exemplo, o desdobramento por produto parece mais conveniente, pois demonstra que o desvio acontece, principalmente, em dois produtos: Produto 1 e Produto 2, os quais concentram 80% do problema. Logo, ao adotar esse desdobramento, poderíamos, em um segundo nível, estratificar por equipe, focados agora somente nesses dois produtos, a fim de verificar se os problemas de um determinado produto acontecem em alguma equipe em especial, ou se estão disseminados para todas elas.

Poderíamos ainda continuar o desdobramento até o último nível de detalhe que os dados disponíveis permitissem. Dessa forma, poderíamos, por exemplo, verificar se o problema acontece com mais frequência em alguma época do ano ou quando usamos alguma matéria-prima de um fornecedor específico.

Quanto mais desdobrarmos, mais entenderemos onde o problema acontece.

No exemplo acima, demonstramos que temos oportunidades nos 5 produtos e em todas as equipes. No entanto, não podemos atacar tudo ao mesmo tempo.

No final da estratificação, é preciso priorizar as oportunidades maiores, pois isso garante o foco da equipe e, consequentemente, aumenta a taxa de sucesso.

Quando não priorizamos, corremos o risco de gastar muita energia em uma oportunidade que não terá grande impacto no resultado final.

Lembre-se: foco em resultado!

FERRAMENTAS PARA ANÁLISE DE FATOS E DADOS

GRÁFICO DE PARETO

Uma ferramenta bastante utilizada na fase de análise de fatos e dados é o Diagrama ou Gráfico de Pareto, criado com o objetivo de compreender a relação ação x benefício e de **priorizar as variáveis que trarão os melhores e maiores resultados.**

O Princípio de Pareto (também conhecido como princípio 80:20) afirma que, dentro de um comportamento estatístico normal, 80% das consequências advêm de 20% das causas.

Ou seja, ao concentrar seus esforços para atacar e eliminar 20% das causas, há uma grande probabilidade de que se resolvam 80% dos problemas existentes.

Esse princípio foi sugerido por Joseph M. Juran, que deu o nome em honra ao economista italiano Vilfredo Pareto.

O diagrama é composto por um gráfico de barras que ordena as frequências das ocorrências em ordem decrescente e **permite a localização das oportunidades vitais e o melhor aproveitamento** a partir dos passos abaixo:

1. *Estratificação (conforme item anterior)*
    a. *Determinar o objetivo do diagrama, ou seja, que tipo de oportunidade você quer investigar.*
    (Qual é seu dado? Perdas; vendas; despesas; turnover; cancelamento de contrato?)
    b. *Definir o aspecto a ser investigado, ou seja, como os dados serão estratificados.*
    (Por produto, por equipe, por tempo, ...)

2. Em uma tabela, **organizar os dados de acordo com as categorias** do aspecto definido.

(Todas as perdas por tipo / Todas as vendas por região / Despesas de todas as naturezas / O turnover de todos os departamentos / Todos os contratos cancelados e seus respectivos motivos)

3. Fazer os **cálculos de frequência** e agrupar as categorias.

4. **Ordenar as categorias** conforme a frequência de forma decrescente.

5. **Agrupar** as categorias com baixa frequência sob a denominação **outros.**
(O objetivo é que apenas algumas categorias sejam apresentadas no gráfico)

6. **Calcular a porcentagem** de cada item sobre o total do problema.

7. Calcular a porcentagem acumulada das categorias.
(O objetivo é que apenas algumas categorias sejam apresentadas no gráfico)

8. **Traçar o gráfico** de Pareto conforme exemplo abaixo.

MODELO	CUSTO (R$)	% DO CUSTO	KM RODADO (MIL)	R$ / KM
A	605,80	26,2	5,5	0,11
B	206,00	8,9	1,7	0,12
C	675,50	29,2	4,9	0,13
D	826,90	35,7	7,9	0,10

Tabela 02 - Custo de manutenção de caminhões em fevereiro/15 de uma empresa transportadora

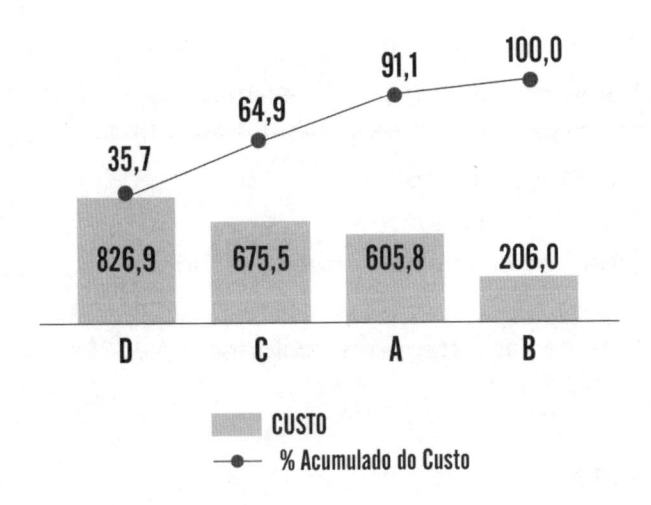

Figura 16 – Pareto custo de manutenção de caminhões

DIAGRAMA DE ÁRVORE

O diagrama de árvore permite organizar as variáveis de forma lógica em formato "causa e efeito". A raiz da árvore contém a variável macro e cada ramificação é parte dessa variável. É uma ferramenta versátil, pois pode ser aplicada em diversos passos do PDCA.

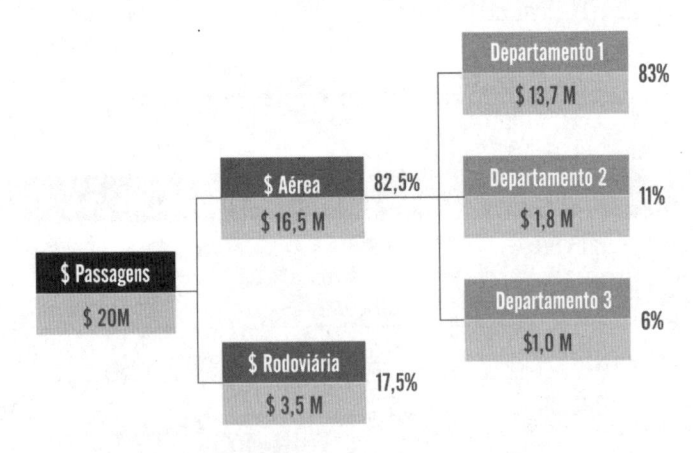

Figura 17 – Árvore de gastos com passagens

O diagrama de árvore é uma ótima forma de organizar os dados e constatar qual oportunidade deve ser priorizada. Por meio dele é possível identificar a relação de dependência entre processos, definir uma estratégia de abordagem ou dar uma visão da sua estrutura a partir dos caminhos apresentados.

Nesse sentido, no exemplo acima, é possível concluir que é importante investir tempo e priorizar os gastos com passagens aéreas do Departamento 1 (83% dos gastos com passagens, 69% do total dos gastos).

△ PONTO DE REFLEXÃO

Caso o Diagrama de Árvore indique oportunidades igualmente distribuídas entre as ramificações (difusas), estratificações adicionais podem contribuir para um resultado mais conclusivo.

Por outro lado, oportunidades concentradas podem indicar já estarmos diante de oportunidades específicas, sendo desnecessárias novas estratificações.

Ressalta-se que o foco dessa etapa do método é conseguir dar prioridade àqueles problemas que oferecerão resultados mais rápidos e mais significativos para a empresa.

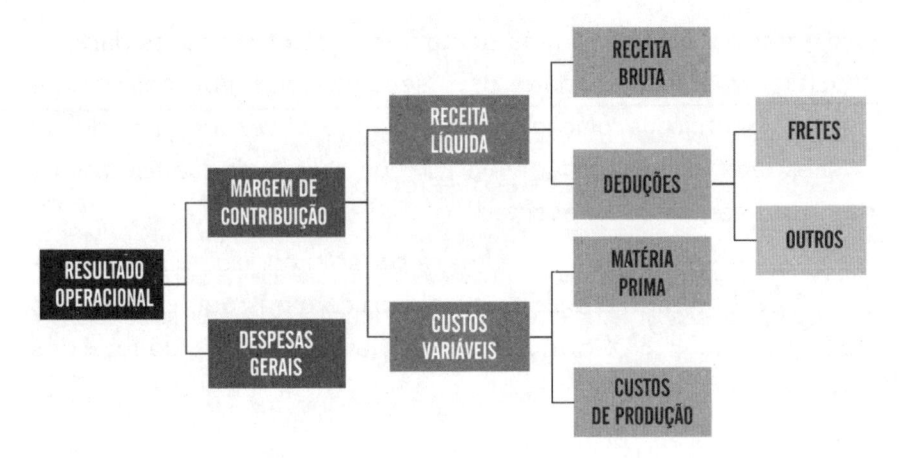

Figura 18 – Diagrama de árvore do Resultado operacional

O PROCESSO É CAPAZ?

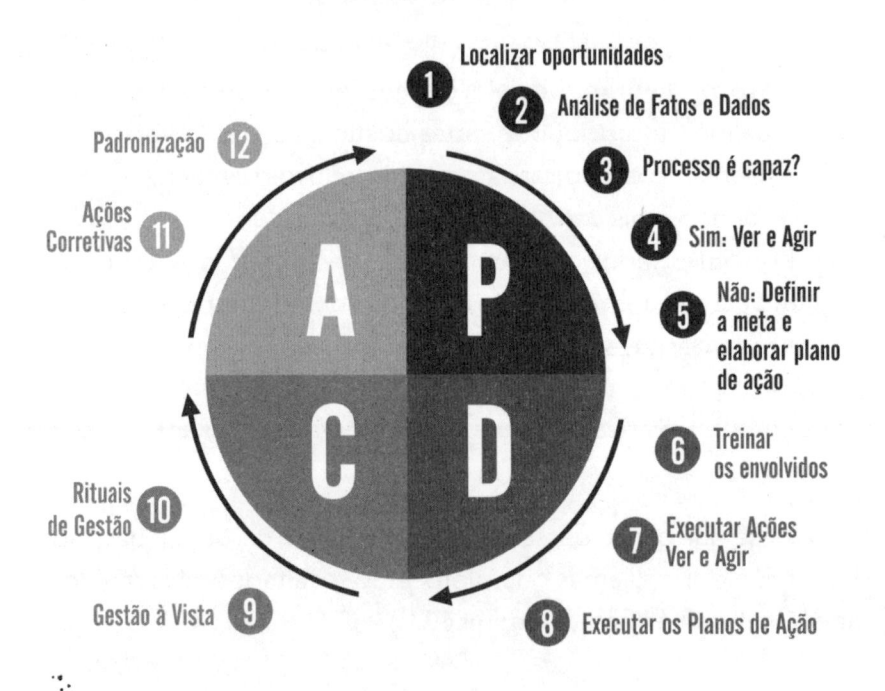

Figura 19 – Passo 3 do PDCA - O processo é capaz?

SIM – VER E AGIR

Quando o processo for capaz, imediatamente: Ver e Agir.

A gestão moderna é marcada pela resposta rápida.

Se uma empresa demora para capturar uma oportunidade identificada, o concorrente vai e captura. O mesmo se aplica para mudanças internas; se o sistema da empresa não é capaz de adaptar-se rápido, lembre-se que existe sempre o risco de o do concorrente ser.

Temos uma série de desafios menores priorizados como produto da fase anterior do PDCA. Neste capítulo, avaliaremos se é possível conquistar parte dessas oportunidades de forma rápida e com ações fáceis de serem implementadas, ou seja, avaliaremos se os recursos (financeiros e humanos) e os processos atuais são suficientes para alcançar parte dos desafios priorizados.

Imagine uma empresa produtora de balas de hortelã que identifica uma oportunidade de ampliar suas vendas no sul do estado.

Para avaliar se o processo é capaz basta fazer perguntas simples, como: "Tenho vendedor para ir prospectar novos clientes?", "Quanto a mais meu parque tecnológico é capaz de entregar?", "Quais clientes daquela região compram bala de hortelã do concorrente e não compram de mim, pelo simples fato de que eu não vou lá vender?". Se existe vendedor suficiente, se existe a capacidade de produzir, se os clientes com maior potencial de compra são conhecidos, não é necessário fazer grandes análises e planos de ação estruturais, com cronogramas complexos.

O objetivo está claro. A ação é evidente: vá e venda!

Naturalmente, ainda assim pode haver necessidade de que as pessoas envolvidas no tema sejam minimamente preparadas, treinadas, para a execução dessa ação.

No exemplo elaborado logo acima, mesmo passando por decisões rápidas como "venda lá", "produza mais" e "envie para lá", é bastante razoável imaginar que o vendedor precise ser capacitado para lidar com o novo mercado. Igualmente razoável é imaginar esse mesmo cuidado com as áreas de produção e logística.

Ainda que infinitamente mais ágil, há aspectos novos. E eles precisam ser previstos e antecipados, treinando as pessoas para lidarem com tais aspectos.

Nos exemplos de "Ver e Agir" que veremos adiante, concretizados por intermédio de Políticas e Decretos, as pessoas atingidas por essas novas normas, ou seja, que terão suas rotinas modificadas, precisam ser comunicadas devidamente a respeito desse novo modo de agir. Isto é, treinadas.

Nesse contexto, é de fundamental importância o ponto 10 (do ciclo PDCA), "Ritual de Gestão", para promover as alterações do padrão (ponto 12), tendo em vista que é no próprio ritual que são comunicadas e alinhadas as ações Ver e Agir.

Além disso, neste capítulo traremos exemplos de ações Ver e Agir, e apresentaremos perguntas e sintomas que podem conduzir à definição de ações com resultado rápido.

No entanto, antes de aprofundar no tema, vamos explicar primeiro o conceito de processo.

De acordo com a ISO 9000:2015, **processo** é um conjunto de atividades inter-relacionadas ou interativas que transforma insumos (entradas) em produtos (saída). Informações, instruções e matérias primas são exemplos de entradas para gerar um serviço, produto ou até mesmo uma decisão (saídas). Na empresa de balas de hortelã, quando o vendedor visitar a nova região a ser explorada e emitir um pedido com um mix solicitado pelo cliente em quantidades e datas determinadas, se a empresa não contar com processos e responsabilidades bem definidas, ela terá dificuldade para garantir a entrega no custo, no tempo e na qualidade esperada.

A fim de capturar uma oportunidade identificada em qualquer uma dessas dimensões, deve-se entender onde o problema acontece (análise de fatos e dados), e, em seguida, entender o porquê de ele acontecer. Isso significa explorar o processo em busca de sintomas e causas que não permitem o alcance do resultado desejado.

Algumas perguntas podem auxiliar nessa investigação e na definição de ações **Ver e Agir**.

Vale reforçar que essa avaliação dá velocidade ao método e permite ao gestor "sair na frente". No entanto, se o processo não é capaz ou se isso não está evidente, ferramentas como o diagrama de Ishikawa e o 5W1H devem ser utilizadas (tópicos abordados no próximo capítulo).

Tendo como base o intuito deste livro, ressalta-se que a verificação da capacidade do processo aplicada aqui é uma avaliação simples, e não deve ser confundida com análises estatísticas ou cálculo de índices para determinar a capacidade do processo em gerar produtos que atendam especificações dos clientes internos e externos. Propomos aqui uma avaliação baseada na experiência dos gestores e na análise dos recursos (financeiro e pessoal) e dos processos, para identificar o que pode ser feito de imediato para garantir resultados rápidos.

Listamos abaixo algumas perguntas comuns nessa fase, as quais podem ajudar a encontrar ações Ver e Agir a partir das oportunidades estratificadas:

- *Já alcancei esse resultado antes?*
- *Tenho os recursos necessários para alcançar esse resultado, ou as modificações necessárias são de fácil adaptação e baixo custo?*
- *Por que ainda não capturei essa oportunidade se tenho os recursos e os meios necessários para capturá-la?*

- *O que já posso fazer com os recursos atuais para capturar pelo menos parte da oportunidade?*
- *O processo está bem definido e existem políticas estabelecidas?*
- *O processo atende aos limites de especificações dos clientes?*
- *Existem padrões determinados para a tarefa? Existe rotina estabelecida?*
- *O que posso fazer agora que é de fácil implementação e ajudará a capturar essa oportunidade?*

AÇÕES VER E AGIR

Devemos sempre começar por elas! A partir das ações **Ver e Agir,** é possível conquistar os primeiros resultados que motivarão a equipe na continuidade do trabalho e que aliviarão a pressão normalmente existente na fase de planejamento. As ações Ver e Agir podem surgir na base da intuição ou da experiência, mas sempre devem partir da observação da oportunidade e do processo envolvido em entregar o resultado desejado.

Desenvolvimento de políticas e decretos são exemplos comuns de ações Ver e Agir. Uma empresa sem uma política clara de compras ou de preços, por exemplo, permite uma dispersão de resultados nesses processos, o que significa uma grande oportunidade que pode ser conquistada a partir de ações Ver e Agir.

De acordo com a ISO 9000:2015, **políticas** são intenções e direções de uma organização, expressas formalmente pela direção. Ou seja, é um direcionamento estratégico, um conjunto de regras permanentes sobre uma determinada atividade ou função, que ajudam a direcioná-las para o alcance de seus objetivos.

Uma política de viagens, táxi e combustíveis serve para direcionar a gestão de parte dos custos e normalizar o uso do serviço pelos funcionários. Uma política de preços e descontos padroniza a atuação de cada nível comercial no processo de venda e de concessão de descontos de maneira permanente.

POLÍTICA DE USO DE VEÍCULOS

Vigência: janeiro/2016

O uso de veículos da organização é exclusivamente para fins profissionais. É imprescindível, quanto à solicitação do veículo, o envio de um comunicado interno à Diretoria Administrativa por meio do Sistema Interno de Requisições. (POP 001.12 disponível na intranet).

O destino e todos os detalhes da viagem devem estar especificados no comunicado interno e devem ser validados pela diretoria do requisitante. A solicitação do veículo deve ser feita com, no mínimo, três dias de antecedência.

Um *checklist* será realizado na entrega e na devolução do veículo ao condutor, o qual se compromete a devolver o veículo nas mesmas condições recebidas.

Figura 20 – Exemplo de política

O **decreto**, por sua vez, tem caráter temporário e estabelece ou modifica regras e critérios, como, por exemplo, uma nova regra de transporte executivo ou um congelamento nas contratações.

DECRETO DE LANCHES E REFEIÇÕES

Ficam suspensas, a partir do dia 11/12/2014, todas as solicitações de lanches e refeições, salvo as previamente aprovadas, em orçamento, pela Diretoria Executiva, para ações de comunicação e marketing. .

Figura 21 – Exemplo de decreto

A tabela 03, apresentada abaixo, traz alguns exemplos de ações Ver e Agir que foram implementadas e que trouxeram resultados imediatos, de maneira permanente ou, em alguns casos, que controlaram os sintomas até a identificação da causa raiz e implementação das ações de melhoria.

IMPACTO	SINTOMAS	AÇÕES VER E AGIR
Gastos	Alto custo com telefonia, especialmente em ligações de celular para telefone fixo. Contrato com 3 operadoras diferentes, pois o funcionário escolhe qual operadora prefere.	Desenvolvimento de Política de telefonia
	Custo com horas extras 3 vezes superior ao orçamento. Funcionários ficam além do horário de forma aleatória e sem requisição prévia do supervisor.	Desenvolvimento de Política de horas extras
	Alto custo com passagens aéreas e hotéis. Muitos pedidos no dia anterior à viagem. Reserva e pagamento de hotel realizados pelo próprio funcionário com posterior reembolso.	Desenvolvimento de Política de Viagens e Hospedagens. Negociação de parceria com hotéis nas regiões mais visitadas.
	Alto custo com compras de material. Contrato antigo, valores acima das práticas atuais de mercado	Renegociação de Contratos
	Falta de comprometimento com o resultado final por desconhecimento das metas e da influência de cada área no resultado.	Implantação de Quadros de Gestão à Vista nas áreas da produção
	Os parafusos dos clamps do molde estão ficando desajustados toda semana e a solução definitiva só chegará em 6 meses.	Incluir rotina de regulagem dos clamps do molde nas rotas de manutenção.
Receita	Grande dispersão de preço na região sudeste, sem correlação com o volume comprado. Não existem alçadas de aprovação dos descontos.	Desenvolvimento de Política de Descontos
	Baixo retorno das campanhas com brindes. Brindes utilizados para atendimento de pedidos pessoais, sem relação comercial, inclusive por outras diretorias.	Desenvolvimento de Política de Brindes
Capital Empregado	Problemas de caixa por conta de financiamento do cliente. Pagamentos negociados de forma aleatória pelos vendedores.	Desenvolvimento de Política de Condições de Pagamento oferecidas ao cliente
	Problemas de caixa por conta de pagamento adiantado a grandes fornecedores, mesmo quando a prática de mercado atual não é essa.	Desenvolvimento de Política de Pagamento negociada com novos fornecedores

Tabela 03 – Exemplos de Ações Ver e Agir

Usando o mesmo exemplo da fábrica de balas de hortelã citado anteriormente, caso o resultado nunca tenha sido obtido por nenhum dos atores do processo ou não existam recursos suficientes para isso, dizemos que, a princípio, o processo não é capaz. O mesmo pode ser afirmado quando, para que um resultado volte a acontecer, são necessárias modificações custosas no processo.

Imagine que não exista infraestrutura suficiente na empresa de balas de hortelã para que o produto fosse entregue com qualidade no sul do estado, ou que não exista nenhum vendedor na região, ou, então, que seja preciso ampliar o parque tecnológico para atendimento da demanda. Em todos esses casos, seria necessário buscar soluções e estabelecer um plano estruturado para executá-las.

O PROCESSO NÃO É CAPAZ – DEFINIÇÃO DA META E DO PLANO DE AÇÃO

Nos itens anteriores, identificamos uma oportunidade, a transformamos em desafios menores e avaliamos se o processo é capaz.

Quando o processo não é capaz, estabelece-se uma meta para cada desafio priorizado, entregando para a equipe a tarefa de identificar as mudanças necessárias no processo e implementá-las.

Se a meta não estiver clara, corre-se o risco de perder o foco, criar e executar inúmeras ações e, no fim, ser dominado pela sensação de muito trabalho e pouco resultado.

Só é possível traçar um caminho quando se sabe o destino.

A clássica conversa transcrita abaixo entre Alice e o gato do livro "Alice no país das Maravilhas", de Charles Lutwidge Dodgson, acontece na vida real. É comum encontrar gestores criando planos de ação sem saber exatamente aonde querem chegar, ou seja, qual oportunidade querem capturar. Se não se sabe aonde se quer chegar, qualquer caminho serve.

> "- Eu só queria saber que caminho tomar – pergunta Alice.
>
> - Isso depende do lugar aonde quer ir, diz o gato tranquilamente.
>
> - Realmente não importa, responde Alice.
>
> - Então não importa que caminho tomar, afirma o gato taxativo."

Quando o processo não for capaz, após amplo e exaustivo debate do ponto 3 (do ciclo PDCA) (realmente o processo não é capaz), passamos ao ponto 5 e fazemos a grande pergunta: Qual é a meta?

Responder esse questionamento com qualidade não passa por algo trivial, seja porque deve haver rigor na aplicação das análises que nos remeterão a essa definição, seja porque a meta pode conferir ou destruir toda a credibilidade do trabalho do gestor:

- *Metas arrojadas demais, inatingíveis, remeterão a um ambiente de descrença entre os envolvidos, às vezes desânimo e desolação pela certeza de que ninguém receberá o bônus ao final do exercício. Em ambientes empresariais em que a cobrança é elevada, no limite, até mesmo o pânico pode se fazer presente;*
- *No caso contrário, em que as metas sejam fracas e não desafiadoras, um ambiente pacato, de subsistência, poderá prevalecer, pois a mensagem será clara: vale a lei do menor esforço.*

Além da definição da meta, o ponto 5 fecha com chave de ouro a fase do planejamento: a elaboração de um belo plano de ação.

Conforme apresentado, a gestão deve ter foco nos resultados **(FINS)**. Isso significa que o "aonde queremos chegar" deve ser traduzido para uma meta geral, focada em resultado, e depois desdobrada em metas específicas para os processos **(MEIOS)**.

Assim, a meta geral consegue ser verdadeiramente comunicada a todos e cada um sabe exatamente o que precisa fazer, ou seja, qual a sua fatia de contribuição para a conquista da Ambição.

Abaixo, alguns exemplos de metas estabelecidas de resultados (FINS) e de processos (MEIOS):

ÁREA	MEIOS (Itens de Verificação)	FINS (Itens de Controle)
RECURSOS HUMANOS	• Registro dos Manuais de Ponto • Entrevistas Agendadas	• Absenteísmo • Índice de Satisfação na Pesquisa de Clima
LOGÍSTICA	• Cumprimento do Plano de Manutenção dos Veículos • Quantidade de veículos	• Entregas no Prazo • Custo de transporte
VENDAS	• Visitas Realizadas • Número de propostas realizadas	• Faturamento • % Devolução de Mercadorias

Tabela 04 – Exemplos de metas estabelecidas nos fins e metas estabelecidas nos meios

Neste capítulo, apresentaremos uma série de cuidados que devem ser tomados na definição das metas, assim como ferramentas que irão ajudar na identificação das principais causas dos desvios em cada processo, na elaboração das ações para bloqueá-las e na tradução destas em um plano de voo com responsáveis e prazos a serem acompanhados ao longo do processo de implementação das ações.

ESTABELECER META

"Não se gerencia o que não se mede
Não se mede o que não se define
Não se define o que não se entende
E não há sucesso no que não se gerencia"

William Edwards Deming

O estabelecimento de metas é essencial para que a organização alcance seus objetivos.

Uma boa meta traduz aquilo que se espera de cada indivíduo e funciona como fator motivador. Uma meta inteligente é ESPECÍFICA, MENSURÁVEL, ATINGÍVEL, RELEVANTE e com a dimensão TEMPO bem definida. Esses 5 critérios, do inglês *Specific*, *Measurable*, *Attainable*, *Relevant* e *Timely*, dão origem ao acrônimo S.M.A.R.T, atribuído ao americano, pai da gestão moderna, Peter Drucker.

Estabelecer metas no critério S.M.A.R.T significa estabelecer metas inteligentes, um trocadilho com a palavra inglesa *"smart"*.

Algumas empresas estabelecem metas tão desafiadoras, tão difíceis de serem perseguidas, que acabam desmotivando a equipe. É isso que acontece quando pelo menos um dos 5 critérios S.M.A.R.T não é respeitado.

Metas muito desafiadoras devem ser divididas em passos menores, de maneira que a cada passo realizado você estará mais perto do seu objetivo: **o impossível pode ser dividido em vários passos possíveis**.

Na tabela 05 descrevemos a importância de cada um dos 5 critérios de metas S.M.A.R.T.:

CRITÉRIOS S.M.A.R.T	IMPORTÂNCIA	EXEMPLO
S – specific (específica)	Quanto mais específica for a meta, menor a possibilidade de interpretações duvidosas e maior a chance de a meta ser atingida.	"Meta": Aumentar as Vendas em 10% até dez/2011. Meta Específica: Obter 10% de aumento de vendas nacionais nas áreas de negócios A, B e C, pela equipe X, durante o próximo ano fiscal.
M – measurable (mensurável)	Qualquer meta que não possa ser transformada claramente em um número permite a manipulação e interpretação, para que os interessados a considerem atingida ou não.	"Meta": Aumentar a receita em 2013. Meta Mensurável: Aumentar a receita com as vendas de medicamentos em 20% até dezembro 2013.
A – attainable (atingível)	As metas devem ser agressivas, mas nunca impossíveis de se atingir. É importante lançar um desafio para que a equipe se supere e lute por algo que parece difícil, mas que acredita ser possível. A meta deve ser estabelecida em acordo com a equipe responsável por atingi-la.	"Meta": Aumentar a participação no mercado da empresa em 100% no ano de 2014. "Meta Atingível": Aumentar a participação do mercado da empresa em 20% no ano de 2014.
R – relevant (relevante)	O seu objetivo deve ser, realmente, importante para você ou para a empresa. Você deve se perguntar se o esforço para realizar esse trabalho compensará, caso ele seja alcançado.	"Meta": Ganhar R$ 1MM em 2014, apostando R$ 100 mil na loteria. "Meta Realista": Ganhar R$30 mil em 2014, investindo R$ 100 mil em um fundo de ações.
T – timely (temporal)	Uma meta deve ser atingida dentro de um período de tempo com início e fim bem definidos. Esse período de tempo não pode ser tão curto que torne a meta impossível e nem longo demais que cause dispersão da iniciativa com o tempo.	"Meta": Abrir uma nova filial. "Meta Temporal": Abrir uma nova filial no primeiro semestre de 2014.

Tabela 05 – 5 critérios de meta S.M.A.R.T

Definir uma meta significa traduzir um objetivo em um indicador de performance, com um patamar de resultado esperado e um prazo para a conquista.

É essencial nomear um dono para cada uma das metas definidas pela empresa, sendo que esse responsável deverá, juntamente com a equipe, perseguir rigorosamente essa meta.

META = OBJETIVO + VALOR + PRAZO

Outros pontos importantes na definição da meta são:
- *Definição de uma forma única de cálculo para os indicadores a serem medidos e acompanhados;*
- *Definição de uma única fonte para os dados que serão utilizados no cálculo das metas e dos resultados conquistados.*

O conceito de meta pode parecer algo muito simples, mas é comum encontrarmos, em todos os níveis das empresas, líderes que não conhecem suas metas ou as descrevem de maneira genérica, como, por exemplo:
- *Só com o objetivo: "Nossa meta é sempre melhorar", "Ser melhor que o ano anterior", "Desenvolvimento da equipe";*
- *Sem prazo: "Atingir R$ 10MM em vendas";*
- *Sem valor: "Trabalhar o absenteísmo até o fim do ano".*

A descrição incompleta de uma meta dificulta a comunicação, o alinhamento e o acompanhamento. O alcance ou não da meta passa a ser subjetivo. Ou nada servirá, ou então qualquer coisa será suficiente, como no caso da Alice.

As metas gerais são aplicadas para manter o foco em resultado, enquanto o desdobramento das metas gerais, ou seja, as metas específicas, traduzem a ambição para desafios menores, mais próximos da rotina do dia a dia.

Por exemplo, uma das atividades de um vendedor para gerar receita é realizar visitas a clientes ou possíveis compradores. No entanto, a entrega dele não se constitui de "visitas realizadas", mas, sim, a receita que ele gera a partir dessas visitas.

Nesse caso, a meta geral é estabelecida para o faturamento do vendedor (**item de controle** → resultado desejado) e uma meta específica pode ser estabelecida na quantidade mínima de visitas que devem ser realizadas por semana, para garantir o faturamento desejado (**item de verificação** → não traduz a meta, mas um aspecto do processo ou da rotina que é desejável, para que a meta seja alcançada).

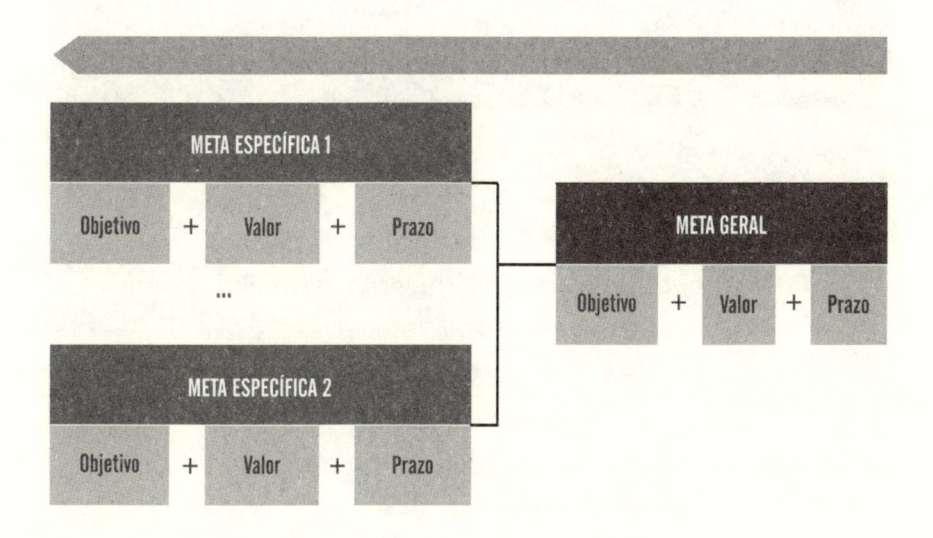

Figura 22 – Definição de metas: dos fins para os meios

Estabelecer metas específicas ajuda a monitorar, no dia a dia, os avanços realizados para a conquistar a meta geral. As metas específicas devem ser estabelecidas de forma que os seus alcances garantam a conquista da meta geral. Isso significa dizer que a soma das metas específicas tem que ser suficiente para alcançar (e até superar) a meta geral.

IDENTIFICAR AS CAUSAS E ELABORAR O PLANO DE AÇÃO

Após estabelecer as metas específicas e a geral, é hora de fazer o plano de ação.

Um bom plano de ação é elaborado a partir da identificação das causas que impedem a captura de uma oportunidade, de acordo com a sequência abaixo:

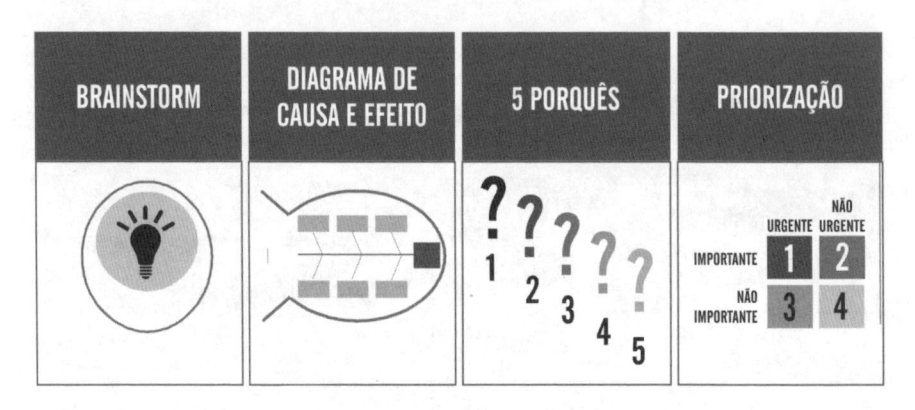

Figura 23 – Identificação das causas

Detalharemos cada um desses passos a seguir.

BRAINSTORMING

Segundo Maria Helena Godoy, no livro "*Brainstorming*: Como Atingir Metas", *o brainstorming* nada mais é do que uma dinâmica de grupo em que as pessoas, de forma organizada e com oportunidades iguais, fazem um esforço mental para opinar sobre determinado assunto. O *brainstorming* é um momento em que todas as pessoas envolvidas são convidadas a refletir sobre as restrições do processo, para a conquista de uma oportunidade específica.

Atualmente, o *brainstorming* está bastante disseminado, sendo que muitos gestores o utilizam.

No entanto, na maioria das vezes, os gestores não possuem os cuidados necessários, para que consigam extrair o melhor resultado desse momento de reflexão.

No *brainstorming*, portanto, vamos buscar as causas (não as soluções), por meio dos passos as seguir:

- *Reunir todos que possam contribuir com a identificação das causas do problema.*
- *Deixar claro o foco da reunião (oportunidade a ser capturada) e as regras do jogo.*
- *Todos devem sugerir causas focadas no problema.*
- *Todas as causas levantadas são dispostas em um Diagrama de causa e efeito.*
- *O grupo continua discutindo com o objetivo de descobrir as causas principais do problema ("Técnica dos Porquês").*
- *O grupo prioriza as causas raízes mais importantes por meio de votação.*

Para identificar quem pode contribuir, é necessário garantir a participação da liderança, de pessoas que garantam a aplicação do método e de representantes de várias áreas, a fim de preservar o conhecimento multifuncional, percorrendo todo o processo, formando um time de excelência.

TIMES DE EXCELÊNCIA:
CONHECIMENTO, MÉTODO E LIDERANÇA

A formação de um time de excelência (página 169) é necessária para resolver gargalos estruturais e precisa atacar o indicador cujo resultado é impactado diretamente.

O time de excelência tem 3 importantes vértices:

1. **Liderança**: o líder da equipe deve ser escolhido pela alta administração e/ou sua liderança imediata, em função do seu amplo conhecimento do sistema e seus impactos. Sua capacidade de mobilização da equipe é essencial para o sucesso. Ele será o responsável pela orientação de todos os integrantes da equipe.
2. **Conhecimento Técnico**: pessoas especialistas que detêm o máximo do conhecimento das variáveis do problema. Pode ser constituído por integrantes de dentro da organização ou especialistas contratados.
3. **Metodologia**: a liderança e o conhecimento precisam utilizar o PDCA e definir as ferramentas de gestão para a análise e a estratificação das variáveis do problema a ser resolvido.

Em síntese, o líder explica onde estamos e para onde precisamos ir, além de esclarecer quanto tempo temos para resolver o problema, organizando a equipe em torno do desafio.

O conhecimento vai no detalhe de todas as variáveis, garantindo o máximo rigor técnico. A metodologia, por sua vez, dá o caminho da excelência na execução do trabalho.

É importante frisar que no *brainstorming* todos têm o mesmo espaço e o mesmo peso, devendo todos contribuir na totalidade dos temas relacionados à oportunidade em discussão, ainda que não sejam de seus domínios técnicos específicos.

Deixar clara a oportunidade em discussão é essencial para garantir o foco e a eficiência da reunião. Além disso, também é importante esclarecer as regras do jogo, conforme tabela 06, pois algumas pessoas são mais contidas do que outras, e todos precisam participar.

Regras para o *brainstorming*
Críticas são rejeitadas: o princípio do julgamento não pode operar. É preciso divergir inicialmente (criar opções), para depois convergir e fazer escolhas.
Criatividade é bem-vinda: os participantes devem ser encorajados a sugerir qualquer ideia que lhe venha à mente, sem preconceitos e sem medo de julgamentos ou avaliações precoces. As ideias mais desejáveis são aquelas que inicialmente parecem ser sem domínio e muito longe do que poderá ser uma solução. É necessário deixar as inibições para trás, enquanto se geram ideias.
Quantidade é necessária: quanto mais ideias forem geradas, maior a possibilidade de se encontrar uma que seja boa. Quantidade gera qualidade.
Combinação e aperfeiçoamento são necessários: deve-se encorajar a geração de ideias adicionais para a construção e reconstrução sobre as ideias dos outros.

Tabela 06 – Regras para o *brainstorming*

A manifestação dos integrantes do grupo pode se dar de forma verbal, no entanto, esse método pode ser ineficiente: todos tendem a concordar com aqueles participantes mais influentes, por exemplo. Quando há casos de inimizades, críticas desnecessárias podem ser mal utilizadas.

No caso do *brainstorming* visual, todos recebem papéis para que escrevam suas contribuições e todas são apresentadas ao mesmo tempo, eliminando o risco de influência e críticas destrutivas.

Figura 24 – Sessão de *brainstorming*

DIAGRAMA DE CAUSA E EFEITO

Existe uma série de eventos que influenciam a construção de um resultado.

Assim como em uma avaliação médica é necessário conhecer todos os sintomas para se chegar ao diagnóstico e prescrição corretos, na gestão, para se chegar às causas de um resultado não esperado, é preciso entender como o resultado foi sendo construído ao longo dos processos.

O diagrama de Ishikawa é uma das ferramentas mais usadas e mais eficazes para a análise do processo, permitindo, de maneira visual, a identificação e a priorização dos principais bloqueios para a conquista de um resultado. O Diagrama foi originalmente proposto pelo engenheiro químico Kaoru Ishikawa, no ano de 1943, e também é conhecido como "Diagrama de Causa e Efeito", "Diagrama Espinha-de-peixe" ou "Diagrama 6M".

O diagrama tem o formato de uma espinha de peixe, na qual o efeito (problema foco da reunião) é destacado ao lado direito (cabeça do peixe), conforme figura 25.

A partir do efeito, deve-se traçar a espinha dorsal e ramificar em grupos de causas. Um ponto de partida bastante utilizado, principalmente em problemas industriais, é a metodologia dos 6M's: Material, Mão de Obra, Método, Medidas, Meio Ambiente e Máquinas. No entanto, essa não é uma regra geral, e, na prática, outros agrupamentos podem ser utilizados.

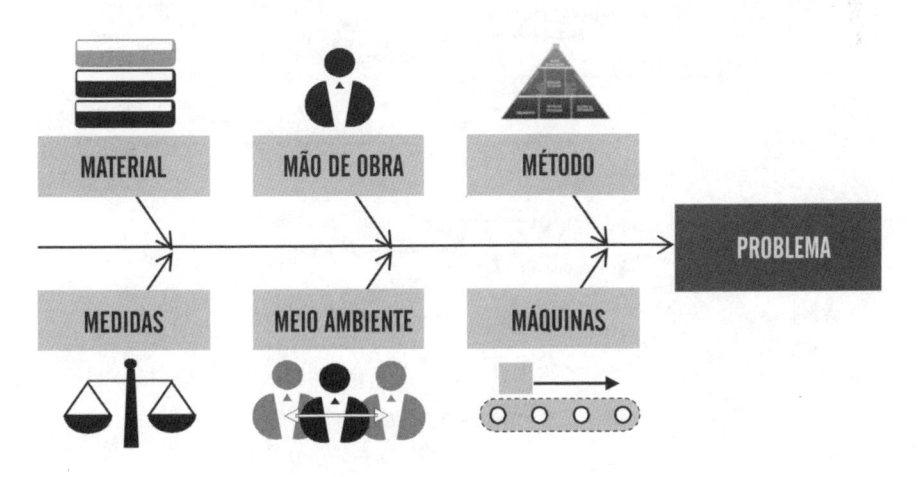

Figura 25 - Diagrama de Causa e Efeito

As causas sugeridas pela equipe devem ser organizadas nos grupos, sendo que aquelas relacionadas devem ser destacadas com novas ramificações, conforme Figura 26.

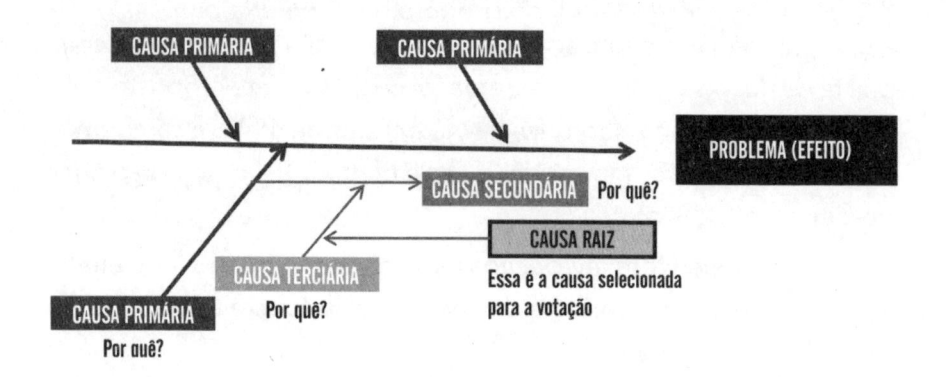

Exemplo:

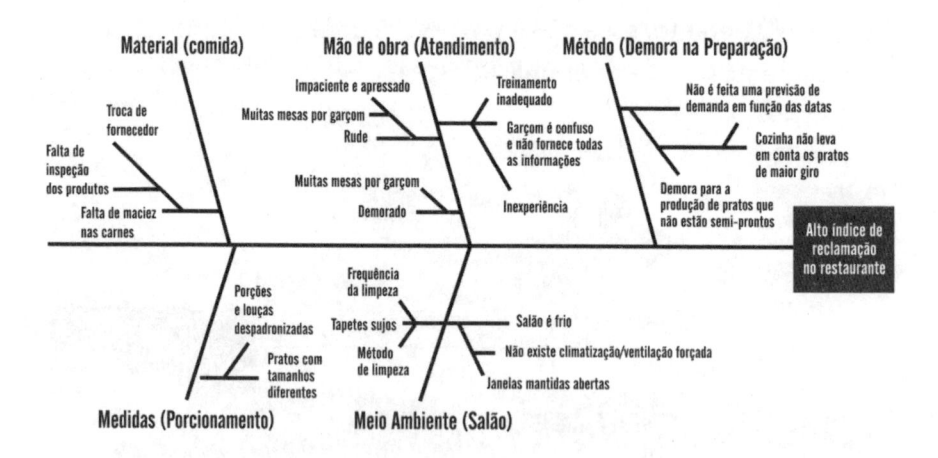

Figura 26 – Organização das causas relacionadas

Abaixo, listamos algumas perguntas que podem ajudar a detectar as causas relacionadas, conforme a metodologia dos 6M's:

▶ *Material: avaliação do produto e da matéria-prima*
- *O material atende a todos os requisitos de qualidade especificados?*
- *O material está sempre disponível?*
- *O material tem sua especificação alterada com frequência?*

▶ *Mão de Obra: avaliação dos recursos humanos*
- *A equipe está preparada e treinada para executar as tarefas?*
- *A equipe conhece e segue os padrões?*
- *As pessoas têm autoridade para fazer modificações na área?*

▶ *Método: avaliação do método de trabalho*
- *Existe critério para o processo ou tarefa?*
- *Os padrões estão dando a correta instrução para a tarefa?*
- *Há padrões para as tarefas críticas?*
- *Os padrões são de fácil compreensão?*

▶ *Medidas: avaliação do sistema de medição*
- *O equipamento é calibrado?*
- *Os instrumentos de medida são adequados para a situação?*
- *A frequência de medição é suficiente, sub ou superestimada?*

▶ *Meio Ambiente: avaliação da influência do meio ambiente*
- *Qual é o Absenteísmo na área?*
- *Como está a moral dos colaboradores?*
- *O ambiente de trabalho tem boas condições (temperatura,*

pressão, umidade, etc.) para o processo, armazenamento de materiais e para os colaboradores?

▶ *Máquinas: avaliação dos equipamentos*
- *O equipamento quebra com frequência?*
- *O equipamento é adequado ao processo?*
- *O equipamento está sendo mantido?*

Primeiramente, esgota-se cada ramo (agrupamento), de forma que todas as ideias sejam aproveitadas. Em seguida, faz-se a priorização, conforme veremos adiante.

TÉCNICA DOS 5 PORQUÊS

Uma técnica eficiente para esgotar os temas sugeridos, extraindo deles a causa fundamental (causa raiz), é a dos 5 porquês ou "Why-Why".

Essa técnica consiste em questionar sistematicamente o porquê de cada uma das causas levantadas, analisando, de forma crítica, a real participação no efeito destacado.

Identificar a causa fundamental é essencial para evitar que um mesmo problema volte a acontecer. Apenas quando identificamos as causas raízes é que somos capazes de bloqueá-las.

No exemplo da tabela 07, exemplificamos essa busca da causa raiz utilizando o problema de um empregado que se acidentou no trabalho. Veja que ao responder cada porquê chegamos mais perto da origem do problema e nos tornamos mais efetivos na proposta da solução:

CAUSAS	SOLUÇÕES / AÇÕES PROPOSTAS
EMPREGADO ACIDENTOU COM O EQUIPAMENTO ➔	Providenciar cuidados médicos
① Por quê?	
MÃO FICOU PRESA NA PRENSA MECÂNICA ➔	Reforçar a leitura dos procedimentos do plano de produção
② Por quê?	
NÃO OBSERVOU O TEMPO DE RETIRADA PREVISTO NO PLANO DE PRODUÇÃO ➔	Treinar os funcionários na importância da leitura do plano de produção
③ Por quê?	
PLANO DE PRODUÇÃO HAVIA SIDO ALTERADO E FOI RETIRADO DO LOCAL INADVERTIDAMENTE ➔	Recolocar o plano de produção no local adequado junto ao equipamento
④ Por quê?	
NOVOS FUNCIONÁRIOS DA LIMPEZA ACREDITARAM QUE OS AVISOS JÁ ERAM CONHECIDOS DOS OPERADORES ➔	Alterar a cor dos avisos sempre que forem modificados
⑤ Por quê?	
NÃO CONHECIAM A IMPORTÂNCIA DA INFORMAÇÃO ➔	Criar regra de capacitação de todos os envolvidos nas mudanças dos parâmetros de produção
CAUSA FUNDAMENTAL	

Tabela 07 – Exemplo de busca da causa raiz

No exemplo acima, a cada porquê, aumenta-se a eficácia da atuação na solução do problema, de tal forma que:

- *Apenas providenciar cuidados médicos não irá evitar que novos acidentes aconteçam com outros operadores;*
- *Apenas reforçar os procedimentos não seria suficiente pois alguma mudança de parâmetro de tempo de acionamento poderia ter sido alterada pelo turno anterior;*
- *Somente recolocar os avisos não garantiria que eles não fossem retirados novamente;*
- *Criar procedimento de mudança de cor para alteração de procedimento talvez não fosse suficiente, pois equipes de outras áreas não conheciam essa mudança;*

- Capacitar todas as equipes sobre os riscos envolvidos com os equipamentos da área.

Abaixo, outro exemplo de investigação de causas sobre duas perspectivas:

Meu chá está gelado. Por que o problema não foi detectado antes?

	POR QUÊ?	Resposta
1	Por que o chá estava gelado?	Porque a temperatura da água não foi verificada.
2	Por que não foi verificado?	Não existe verificação especificada.
3	Por que não existe verificação?	Porque é suposto que a água sempre aquece.
4	Por que é suposto que a água sempre aquece?	Porque nunca existiu histórico desse problema.

Tabela 08 – Exemplo de busca da causa raiz

Meu chá está gelado. Por que o problema aconteceu?

	POR QUÊ?	Resposta
1	Por que o chá estava gelado?	Porque a chaleira não aqueceu a água adequadamente.
2	Por que a chaleira não funcionou?	Porque o fusível queimou.
3	Por que o fusível queimou?	Porque ligaram na tomada errada.
4	Por que ligaram na tomada errada?	Porque não existe sinalização que a tomada é 220V.
5	Por que não existe sinalização?	Porque a manutenção esqueceu de colar a sinalização na cozinha.

Tabela 09 – Exemplo de busca da causa raiz

Lembre-se, algumas causas podem não ser pertinentes, por isso é importante comprová-las com fatos e dados.

A priorização das causas também ajuda a tirar o foco de causas não pertinentes ou menos importantes.

PRIORIZAÇÃO DAS CAUSAS

Após listar as causas selecionadas e organizá-las no diagrama, seja pelos grupos, seja pelos seus relacionamentos, é hora de priorizá-las de acordo com o impacto na oportunidade e a frequência com que acontecem.

Uma forma simples de fazer isso é a votação, na qual cada participante avalia o impacto (1, 3 ou 5) e a frequência (1, 3 ou 5) de cada causa.

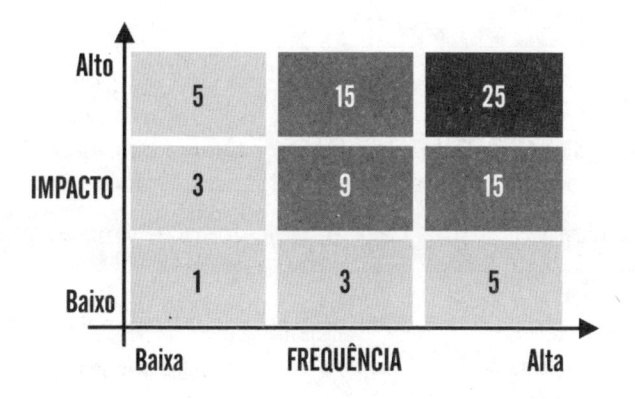

Eixo Frequência

Avaliar quantas vezes a causa ocorre.

1. Baixa: ocorre poucas vezes
2. Média: ocorre algumas vezes
3. Alta: ocorre várias vezes ou sempre

Eixo Impacto

Avalia o quanto eliminar aquela causa vai contribuir para a melhoria do resultado.

1. Baixo: interfere pouco no resultado
2. Médio: interfere de forma razoável no resultado
3. Alta: interfere muito no resultado

Figura 27 – Priorização das causas

Cada participante deverá ter uma quantidade limitada de Notas (1, 3 e 5).

A sugestão de 40% (1), 30% (3) e 30% (5), por exemplo:

- *Desperta senso de prioridade ao restringir o número de notas mais altas;*
- *Evita, por consequência, a concentração de notas em tópicos específicos.*

Uma forma de consolidar o resultado de todos os participantes é pedir para que cada membro multiplique o impacto pela frequência e nos fale o valor resultante da multiplicação.

Somando-se os resultados de cada participante para cada causa, priorizam-se aquelas com maior pontuação.

ELABORAÇÃO DO PLANO

Agora sim vamos falar de soluções!

O plano de ação é o instrumento que coloca a gestão em movimento.

Para cada causa priorizada haverá, pelo menos, uma ação com o objetivo de bloquear ou extingui-la.

Lembre-se que também é necessário estancar os sintomas original-mente encontrados, bem como prevenir possíveis efeitos colaterais da solução adotada.

No exemplo do acidente de trabalho (Tabela 07), além de criar regras de capacitação de todos os envolvidos nas mudanças dos parâmetros de produção, é claramente necessário providenciar os cuidados médicos ao empregado acidentado.

A ferramenta mais utilizada para elaborar o plano de ação é o 5W1H. Ela ajuda a organizar todas as atividades a serem executadas, de forma a garantir sua divulgação e implementação.

Para estabelecer um plano de ação no formato 5W1H, você deve descrever os pontos abaixo para cada ação proposta:

CAMPO	DESCRIÇÃO
O QUE WHAT	• Definir as contramedidas a serem realizadas para bloquear a causa fundamental; • Utilizar sempre um verbo no infinitivo (trocar, treinar, modificar) para descrever a ação; • Atenção para não utilizar ações que não sejam capazes de realizar um bloqueio efetivo da causa raiz, como, por exemplo: "garantir", "manter", "reunir-se" e etc.
QUEM WHO	• Definir o nome do responsável pela implementação da ação, que deverá ter conhecimento dela e estar de acordo com a mesma; • Sempre deve conter o nome de uma ÚNICA pessoa, não devendo ser preenchido com departamentos ou cargos; • Essa pessoa não precisa, necessariamente, ser o executante da ação, mas o responsável pela sua execução. Poderá executar pessoalmente a tarefa ou coordená-la, delegando atividades para outras pessoas.
COMO HOW	• Detalhar as etapas de execução da ação, identificando os responsáveis por cada etapa, quando necessário; • Quase todas as ações de um Plano possuem um grau de complexidade que exige detalhamento para que haja plena compreensão da ação; • Tente colocar todas as etapas de detalhamento possíveis como subitens e sempre que houver diferentes responsáveis e/ou datas, deve-se relacioná-los adequadamente; • Utilizam-se verbos no gerúndio (verificando, analisando, trocando, comprando), para detalhar a execução da ação.
ONDE WHERE	• Definir onde a ação será realizada, se em um departamento específico, em uma máquina, na produção ou na área de teste, por exemplo.

CAMPO	DESCRIÇÃO
QUANDO WHEN	• Definir a data em que a entrega final da ação deverá ser realizada; • Sempre uma data específica (dia, mês e ano). Não devem ser utilizados prazos subjetivos como "sempre que necessário", "imediatamente", "permanentemente", "daqui a 30 dias" e etc; • Colocar início e término (previsto e realizado); • Datas que remetem a uma entrega cíclica, repetitiva, podem ser indicativos de que sua pretensa Ação trata-se, na verdade, de uma rotina: "toda 5ª feira", "semanalmente", etc. e rotinas já existentes não ajudarão a resolver problemas novos. Caso esteja diante de uma nova rotina, a ação deveria estar focada na sua criação e padronização.
POR QUÊ WHY	• Descrever a importância da execução da ação e a relação entre causa e efeito; • Descrever a razão para a execução da ação proposta, normalmente iniciando-se com "Para".

Tabela 10 – Definição do plano de ação - Como elaborar o 5W1H

Podem ser encontradas algumas variações da ferramenta de Plano de Ação, como o 5W2H, onde o segundo H representa a dimensão de custo de implementação (*how much*).

Ao final da elaboração das ações, deve-se verificar a consistência do plano.

Abaixo, algumas perguntas que podem auxiliar nessa verificação:

- *As ações são viáveis, simples, executáveis e suficientes para o alcance do RESULTADO?*
- *Como as ações propostas irão contribuir para o alcance das metas?*
- *O prazo previsto para as ações está alinhado com o prazo para alcançar a meta?*

- *A ação proposta está clara de forma a garantir a sua execução dentro do prazo previsto?*
- *A responsabilidade pela execução das ações está bem distribuída?*
- *Os responsáveis têm conhecimento da ação, concordam com a sua execução e tem autoridade sobre o processo?*
- *Os envolvidos têm conhecimento técnico para executar as ações? Se não, treinamentos estão previstos?*
- *As ações direcionadas a outras áreas foram negociadas com elas?*

Uma vez que o plano esteja consistente, deve-se divulgá-lo para todos os envolvidos.

O processo de comunicação é fundamental para execução das ações planejadas.

Mãos à obra!

CONCLUSÃO DA ETAPA DO PLANEJAMENTO

A fase de planejamento só termina quando conseguimos ter ações Ver e Agir e bons planos de ação elaborados.

A maioria das pessoas não têm cultura de planejar, e a disciplina é fundamental para não cair na tentação de "sair fazendo". Não dedicar tempo a essa etapa é como querer ir a um lugar novo e desconhecido sem traçar uma rota ou usar GPS, e, às vezes, até mesmo sem saber o endereço.

É nessa fase que cercamos todas as possibilidades para "ganhar o jogo".

O trabalho realizado na fase de planejamento deve ser muito consistente e beirar a perfeição. Quanto mais bem feito esse trabalho, mais fácil será executar as fases seguintes do PDCA e, quando necessário, revisitar as análises para nova priorização.

O uso da tecnologia ajuda a ganhar velocidade na fase de planejamento, permitindo fazer mais com menos. Todos os dias novas tecnologias surgem e aumentam a capacidade de captura e análise de uma infinidade de indicadores. É preciso ficar atento para o uso dessas tecnologias da forma mais adequada, objetivando sempre o ganho de produtividade e competitividade.

Só se alcançam metas de melhoria
com planos de ação;
não se elaboram planos de ação
sem que existam metas.

EXECUÇÃO

EXECUÇÃO

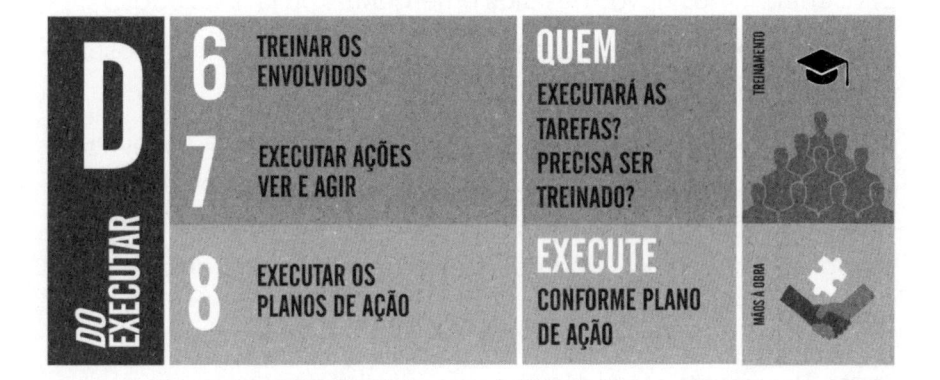

SOBRE A EXECUÇÃO

Diversas pesquisas defendem que a maioria das estratégias falha em função da baixa implementação.

Apesar do percentual de falha variar conforme a fonte pesquisada, o fato é que, comumente, os gestores ficam empolgados com boas ideias, mas poucos têm disciplina e constância de propósitos o suficiente para colocá-las em prática.

Alguns gestores são excelentes na fase de planejamento, mas quando chegam à fase da execução são consumidos pelas atividades de rotina e acabam deixando que as ações de melhoria caiam no esquecimento.

Em outros casos, porém, quando o gestor acredita que o plano desenvolvido já não está mais coerente com a realidade, a execução é deixada de lado de forma intencional. Em ambos os casos, dificilmente as melhorias serão alcançadas e, caso sejam, é uma questão de sorte e não de competência.

De fato, os problemas são dinâmicos e isso deve ser considerado na fase de execução. Por essa razão, o planejamento precisa estar bem feito, para que seja possível revisitar as análises realizadas e repriorizar conforme a nova situação, ou mesmo criar outras ações para enfrentar os novos desafios emergentes ou já instalados.

É prudente e recomendável a existência de um Plano B que substitua o original em caso de sua falência.

É necessário entender o que foi estabelecido na fase de planejamento, ter confiança e disciplina para implementar as mudanças definidas. É preciso envolver-se, investir em treinamento dos colaboradores, criar novos padrões e motivar sua equipe em busca de novos patamares de gestão.

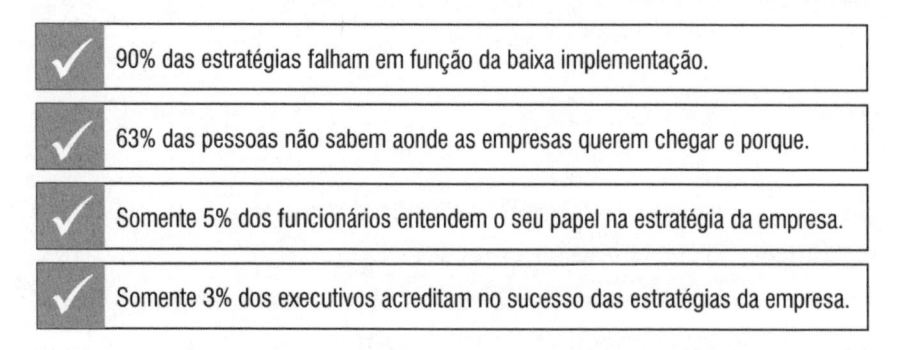

Figura 28 – Estratégias falham na execução – Harvard Business Review

Neste capítulo, iremos discutir a fase de execução, que consiste em priorizar a execução das ações que tragam resultados mais significativos para o alcance das metas, no menor espaço de tempo e ao menor custo.

Para tanto, devem ser garantidas as validações necessárias das metas e das ações propostas e realizado o treinamento das pessoas envolvidas. O responsável da ação deve estar de pleno acordo com as metas e prazos de execução.

Os colaboradores que executam o processo precisam compreender as ações e se comprometer com elas, já que são elas que irão garantir o resultado no dia a dia.

A implementação de uma nova política de preços, por exemplo, exige que todos os vendedores conheçam a política e se preparem para praticá-la, desenvolvendo novos argumentos de vendas, co-nhecendo os limites para negociação e entendendo como serão tratados os casos especiais.

A implementação das ações pode significar mudança de paradigma ou mudança do modelo mental. Logo, ter habilidade na hora de comunicar as ações é fator crítico para garantir o entendimento e o comprometimento de todos.

TREINAR OS ENVOLVIDOS

Precisamos melhorar os resultados e, para isso, já há uma meta bem definida e um plano bem elaborado.

A partir daí, a etapa 6 do PDCA passa a ser de fundamental impor-tância. Como melhorar é trabalhoso e difícil, precisamos treinar e capacitar aqueles que vão executar as ações de melhoria.

Nem sempre é dada a devida importância para a fase de treinamento, e a justificativa dada é, na maioria das vezes, a falta de tempo. Realize gestão do tempo, mas não ignore essa fase tão importante!

GESTÃO DO TEMPO	URGENTE	NÃO URGENTE
IMPORTANTE	① Crise	② Antecipação
NÃO IMPORTANTE	③ Interrupção	④ Desconexão

Tabela 11 – Colocando foco nas atividades do dia a dia

De acordo com a tabela Urgente e Importante elaborada por Stephen R. Covey, em seu famoso livro "Os 7 Hábitos das Pessoas Altamente Eficazes", basicamente passamos o nosso tempo de quatro maneiras. Dois fatores definem se uma atividade é 'urgente' e 'não urgente' e outros dois fatores definem se uma atividade é importante ou não importante.

Urgente significa que a atividade requer a nossa atenção imediata – um telefone que toca é urgente. A importância, por outro lado, tem a ver com resultados. Se algo é importante, contribui para a nossa missão, nossos valores e nossas metas.

As atividades ligadas à etapa de execução não são urgentes, porque estão ligadas a um planejamento, porém são importantes, porque definem se atingiremos ou não os nossos resultados. Eventualmente, algumas ações podem tomar um caráter de urgência em função de mudanças de mercado e questões conjunturais da empresa.

Quando uma atividade é **importante e urgente,** uma ação imediata deve ser tomada. Pode-se dizer que Gestores que atuam sempre nesse quadrante, lidando com atividades urgentes e importantes, vivem em estado de crise constante, o que causa estresse, esgotamentos e a sensação de estar apagando incêndios constantemente. Nesse caso, os processos precisam ser revistos.

No mesmo lado, atividades **não importantes, mas urgentes** causam interrupções constantes e demonstram falta de planejamento, foco no curto prazo e, geralmente, estão ligadas a metas e planos inúteis ou superficiais. Atividades desse quadrante devem ser reduzidas ou delegadas, porque a urgência dessas questões, com frequência, se baseia nas prioridades ou falta de planejamento dos outros.

Do outro lado do quadrante, temos as atividades que são **importantes, mas não são urgentes**. É o quadrante maximizado pelo planejamento ou antecipação. Ele lida com coisas como bater metas e planejamento de longo prazo. São atividades que sabemos que precisamos fazer, mas às quais raramente nos dedicamos, pois sabemos também que não são urgentes.

Fechando o quadro, temos as atividades **não importantes** e **não urgentes, as quais** devem ser eliminadas da nossa lista, pois denotam falta de compromisso, descontinuidade e dependência.

Os responsáveis pelas ações e os líderes formadores de opinião precisam sentir-se seguros sobre a importância da implementação das ações propostas nos prazos estabelecidos. Eles devem divulgar para toda a equipe O QUE fazer e PORQUE fazer, buscando cooperação e comprometimento de cada membro. É papel dos líderes assegurar o COMO fazer (habilidade) e motivar a equipe para QUERER fazer.

Os líderes são exemplos para sua equipe. Dessa forma, se um líder se sente inseguro sobre uma solução proposta, a maioria dos liderados também mostrará o mesmo desconforto. O líder é o primeiro que precisa acreditar na mudança e com ela estar totalmente alinhado e comprometido.

O diagrama da figura 29 demonstra o poder do líder como influenciador da sua equipe. Se o líder, de fato, acreditar na estratégia de gestão que está implementando e modificar o seu modelo mental e seu comportamento, a sua mudança influenciará de forma significativa o comportamento dos liderados e assim transformará o ambiente, colocando o foco em gestão para se obter resultados extraordinários. O que vimos na prática é que alguns gestores não acreditam no planejamento realizado e com isso, consequentemente, levam ao fracasso sua estratégia.

Figura 29 – Comportamento esperado de um líder

Avalie a forma mais adequada de comunicar as mudanças ou novas atividades para a equipe. Há diferentes formas de aprendizado; entendê-las e saber avaliar quais se adaptam melhor ao público alvo torna mais fácil o processo de ensino.

As pessoas desenvolvem maior facilidade com uma ou outra maneira, conforme as experiências que acumulam ao longo da vida, por isso nem sempre a forma de aprendizado do interlocutor é a mesma da plateia. Usar recursos diferentes potencializa a absorção do conhecimento por mais pessoas, por isso, ao comunicar-se, busque utilizar estratégias visuais, auditivas e sinestésicas.

Segundo a PNL (Programação Neuro Linguística), pessoas visuais tendem a aprender mais com gráficos, imagens, diagramas, esquemas ou leitura de textos. Instruções por escrito, ao invés de orais, são mais eficientes para esse tipo de interlocutor, pois ele precisa ver antes de ouvir, tem memória visual. Pessoas auditivas, por sua vez, têm mais facilidade de compreender algo por meio da estruturação verbal, gostam de escutar histórias, entender a lógica, fazer cálculos, preferem tabelas do que gráficos e são focados no processo. Logo, estímulos linguísticos e racionais funcionam bem com esse tipo de interlocutor. Por fim, os sinestésicos aprendem mais rápido quando envolvidos no processo de execução ou demonstrações, gostam de tocar e sentir as coisas, são mais ansiosos e prezam pelo conforto e pelo contato com as pessoas. Nesse caso, é importante valorizar a "mão na massa".

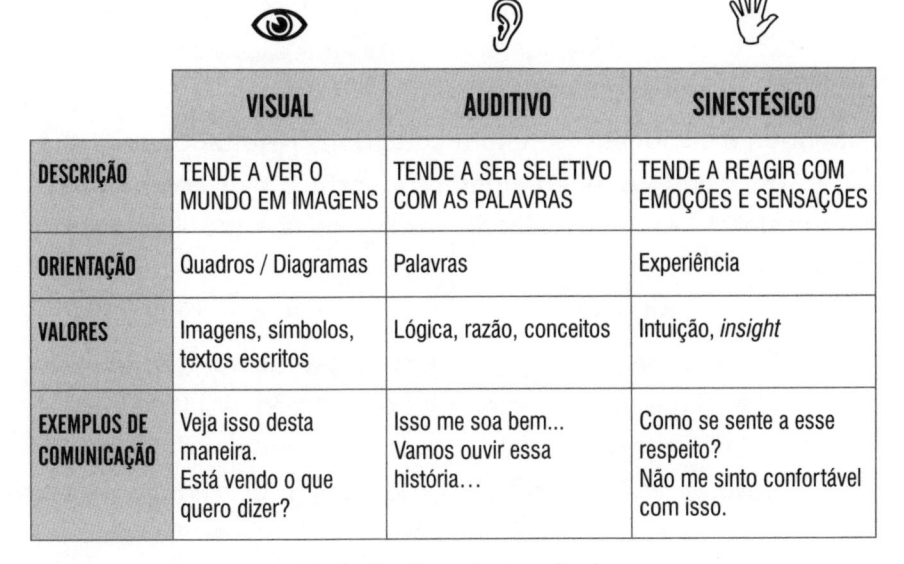

	VISUAL	AUDITIVO	SINESTÉSICO
DESCRIÇÃO	TENDE A VER O MUNDO EM IMAGENS	TENDE A SER SELETIVO COM AS PALAVRAS	TENDE A REAGIR COM EMOÇÕES E SENSAÇÕES
ORIENTAÇÃO	Quadros / Diagramas	Palavras	Experiência
VALORES	Imagens, símbolos, textos escritos	Lógica, razão, conceitos	Intuição, *insight*
EXEMPLOS DE COMUNICAÇÃO	Veja isso desta maneira. Está vendo o que quero dizer?	Isso me soa bem... Vamos ouvir essa história...	Como se sente a esse respeito? Não me sinto confortável com isso.

Tabela 12 – Tipos de aprendizado

Lembre-se que comunicar o plano de ação não é apenas informar, é garantir que as pessoas entendam e comprem a ideia.

Dessa forma, nessa etapa é importante utilizar todas as estratégias para conseguir uma efetividade na comunicação.

Prepare-se para essa etapa com muita convicção.

EXECUTAR OS PLANOS ELABORADOS

Uma vez que o plano de ação foi compreendido – e assimilado – pelos envolvidos, a conquista do resultado vai depender basicamente de dois fatores:

- *"Qualidade" das ações;*
- *Nível de execução do plano de ação proposto.*

A qualidade das ações deve ser garantida na fase de planejamento. A fase de execução deve garantir a implementação do plano proposto, no tempo adequado para alcance da meta.

Conforme mencionado anteriormente, **bons resultados sem execução do Plano de Ação significam sorte e não competência**. Não podemos esperar melhores resultados fazendo algo sempre da mesma forma. Para garantir a execução, listamos cinco dicas importantes dessa fase:

- Envolver as pessoas para elaboração da solução (fase de planejamento) e comunicá-las com eficiência (fase de treinamento), aumenta o comprometimento na hora da execução;
- Envolver as pessoas da área quanto à execução das ações;
- Não parar no primeiro obstáculo de forma a não realizar a tarefa;
- Se necessário, alterar o passo a passo das ações (como), mas sem prejudicar o prazo anteriormente acordado;
- Registrar a execução da ação por meio de fotos, filmes e/ou coleta de dados. Esses registros servirão para documentar a execução, compartilhar boas práticas ou para realizar análises no caso de não alcance do resultado esperado.

Quando existe número relevante de ações propostas, é necessário priorizá-las para colocar energia primeiro no que trouxer maior resultado, custo menor de implantação ou resultado mais rápido. Um resultado pode demorar mais para acontecer ou precisar de mais energia por conta de uma má priorização das ações.

Há ferramentas utilizadas para priorização das ações como *Value Ease*, *GUT*, entre outras, na qual as ações são classificadas de acordo com facilidade de implementação, impacto, gravidade do problema e urgência. Notas são atribuídas a cada um desses critérios pelas pessoas envolvidas e, em seguida, o valor é consolidado ponderando a nota de todos. Nessa priorização, uma terceira dimensão, contendo o custo de implementação ou autoridade, também pode ser adicionada. O importante não é a ferramenta, mas a priorização das ações.

A seguir, apresentaremos a análise de alguns critérios que poderão ser adotados para priorização das ações:

FACILIDADE DE IMPLEMENTAÇÃO: Qual a ação mais FÁCIL de ser implementada?

A nota para a facilidade de implementação normalmente leva em consideração o número de dias que a ação levará para ser executada. Quanto mais rápida a implementação, maior deve ser a nota desse critério. A complexidade da ação, o risco, o número de recursos humanos e o volume financeiro são exemplos de outros critérios que também podem ser usados para mensurar a facilidade de implementação.

Pontuação relativa: (1) baixa facilidade, (3) média facilidade (5) alta facilidade.

Pontuação quantitativa: (1) meses, (3) semanas, (5) dias.

IMPACTO: Qual a ação com maior RETORNO FINANCEIRO?

A nota para o impacto irá variar de acordo com o ganho financeiro gerado pela ação em relação à meta global. Classifique como 5 a ação que acredita que trará maior retorno financeiro ao ser executada.

Dependendo da ação, outros critérios podem ser usados para ponderar o impacto, como, por exemplo, mitigação de risco, economia de tempo, maior acuracidade dos dados.

Pontuação relativa: (1) Baixo Impacto, (2) Impacto Médio, (3) Alto Impacto.

Pontuação quantitativa: (1) Até 10 mil (2) De 10 a 30 mil (3) maior que 30 mil; ou

(1) Até 10% da oportunidade, (2) de 10% a 35% (3) maior que 35% da oportunidade.

AUTORIDADE: Tenho AUTONOMIA para realizar a ação?

A nota para a autoridade considera o nível de autonomia para execução da ação. Quanto menor a autonomia, menor a nota. Se a ação tiver alto impacto, alta facilidade de implementação, mas o responsável tiver baixa autonomia para sua execução, é necessária a negociação com quem tem autoridade necessária para executá-la. Ações com baixa autoridade valem uma reflexão.

Pontuação relativa: (1) Baixa autonomia, (2) Autonomia compartilhada, (3) Total Autonomia

CUSTO DE IMPLEMENTAÇÃO: É necessário INVESTIMENTO para a implementação da ação? QUANTO?

Algumas ações precisam de investimento para serem realizadas. Nesse caso, é necessário avaliar o custo-benefício e a disponibilidade de caixa para que essa ação seja priorizada. Quanto menor for o investimento, maior será a nota deste critério.

Pontuação relativa: (1) Alto investimento, (2) Investimento médio, (3) Baixo Investimento.

Pontuação quantitativa: (1) Mais de 80% do impacto, (3) entre 50% e 80% do impacto, (5) menos que 50% do impacto.

URGÊNCIA: É analisada pela pressão do tempo que existe para resolver determinada situação. Basicamente leva em consideração o prazo para se resolver um determinado problema. Podem-se considerar como problemas urgentes prazos definidos por lei ou o tempo de resposta para clientes.

A pontuação de urgência varia de 1 a 5 seguindo o seguinte critério: (1) pode esperar, (2) pouco urgente, (3) urgente, (4) merece atenção no curto prazo, (5) muito urgente e necessidade de ação imediata.

GRAVIDADE – É analisada pela consideração da intensidade ou impacto que o problema pode causar se não for solucionado. Tais danos podem ser avaliados quantitativa ou qualitativamente. Um problema grave pode ocasionar a falência da sua empresa, a perda de clientes importantes ou mesmo a danificação da imagem pública da organização.

A pontuação da gravidade varia de 1 a 5 seguindo o seguinte critério: (1) sem gravidade, (2) pouco grave, (3) grave, (4) muito grave, (5) extremamente grave.

Uma vez classificados os critérios, projete em um gráfico de bolha cada uma das ações.

Para verificar o resultado de maneira visual como na figura 30, projete as ações da seguinte forma:

- X é a facilidade de implementação da ação;
- Y é impacto da ação;
- Cada ação é representada por uma bolha projetada nas coordenadas x e y;
- Quando adotada, a terceira dimensão (autoridade ou custo) determina o diâmetro das bolhas.

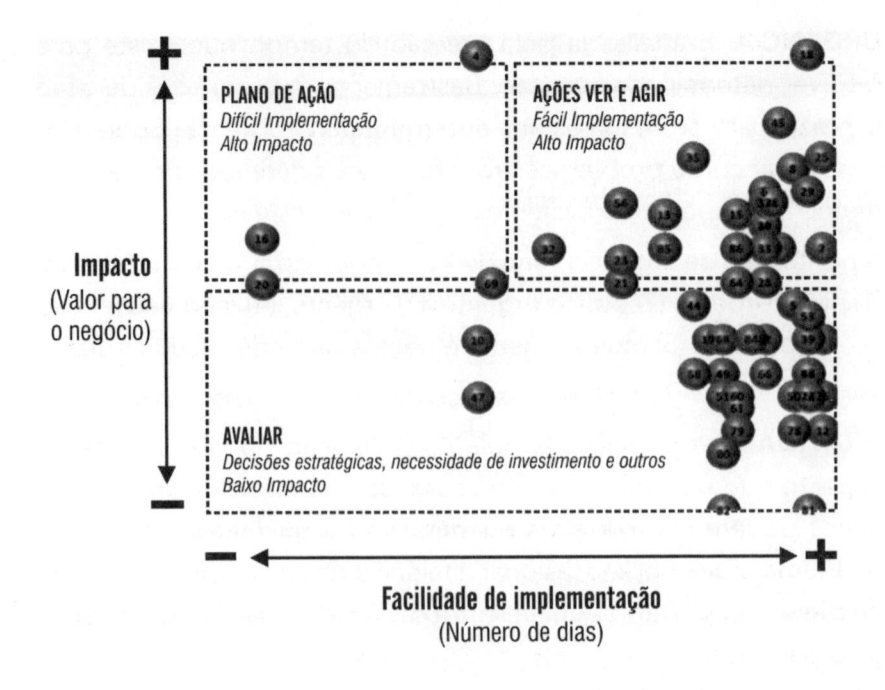

Figura 30 – Gráfico de bolhas para priorização das ações

A priorização das ações ajuda a definir os prazos para a implantação. Implantar as ações previstas no plano, obedecendo aos requisitos das tarefas e aos prazos estipulados, garante o melhor bloqueio das causas e o resultado aparece. Ao executar o plano de ação, deve-se monitorar e controlar periodicamente todos os itens contidos nele, para ser capaz de reagir em tempo às dificuldades encontradas. Abaixo, um exemplo do relatório de acompanhamento do plano de ação:

RELATÓRIO DE ACOMPANHAMENTO DO PLANO DE AÇÃO			
PLANEJADO	**EXECUTADO**	**DIFICULDADES**	**PROPOSTAS**
Contratar novos Vendedores	Como previsto		
Implantar novos postos de trabalho	Não executado	Atraso na entrega dos equipamentos	Buscar outros fornecedores
Realizar novo treinamento em Vendas	Atrasado (25 dias)	Aguardando liberação dos contratos	Cobrar urgência do RH

Tabela 13 – Relatório de acompanhamento do Plano de ação

Durante a execução das ações, inspecione *in loco* as ações executadas. Os indicadores de desempenho dos processos serão observados e tratados, quando e caso apresentarem anomalias, diariamente ou com outra frequência estabelecida, para que elas não interfiram nos resultados. Aquelas anomalias detectadas como crônicas, ou seja, que após o tratamento não reagem favoravelmente e são reincidentes específicas, devem ser tratados por meio de Times de Excelência.

CONTROLE

CONTROLE

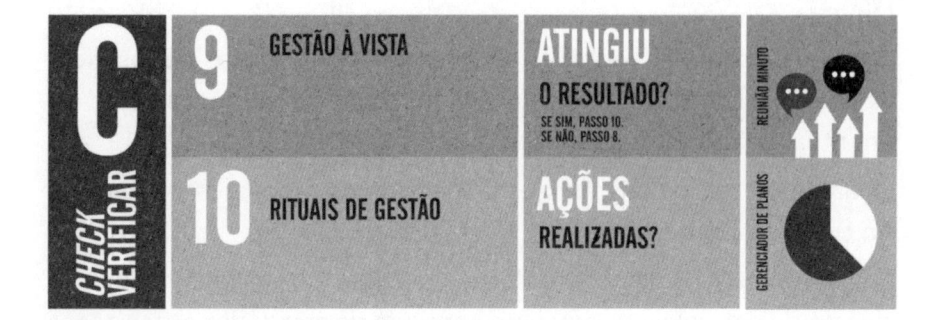

SOBRE O CONTROLE

Se as fases de planejamento e execução foram implementadas com efetividade, é chegada a hora de colher os frutos e mostrar aos líderes o alcance ou a superação das metas contratadas. É na fase de controle que se comprova o sucesso do plano de ação e da sua implementação.

Um bom controle comprova o bom trabalho de uma equipe comprometida, formada por gestores proativos ou, infelizmente, o malogro de algumas situações. Além de uma fase de comemoração, a fase de controle é também um convite à reflexão conjunta das lições aprendidas e das novas oportunidades que certamente se apresentarão.

Muitos gestores reclamam que perdem grande parte do seu tempo em reuniões de pouco rendimento.

Infelizmente não percebem que reuniões produtivas só são possíveis quando existe:

- Uma equipe dedicada e comprometida com o controle de seus resultados e ações;

- Gestores que analisam seus resultados antes das reuniões e constroem seus relatórios de prestação de contas de uma página (*one page report – OPR*).

Quando os gestores não se preparam, as discussões de resultado perdem o foco e as reuniões se tornam longas, cheias de justificativas e desalinhadas. Uma reunião de resultado é apenas parte de um ritual contínuo de controle.

Chamamos de "rituais de gestão" todos os processos envolvidos no controle dos resultados.

A palavra ritual pode parecer forte, mas esse é o verdadeiro sentido da fase de controle: um processo contínuo de atividades organizadas (divulgação dos resultados, análise dos desvios e preparação do relatório de uma página (OPR), reunião para validação e alinhamento das novas ações, registro dos novos compromissos), para que se produza determinado efeito ou resultado. O resultado esperado é o futuro da organização e o ritual de gestão deve ser encarado como um momento nobre.

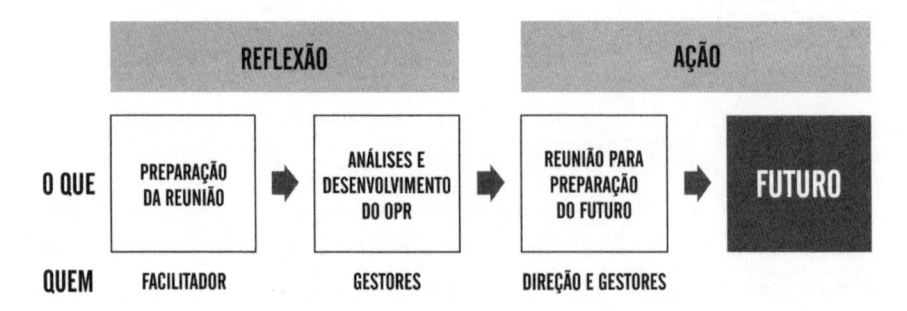

Figura 31 – Fases do Controle

O futuro da organização é definido nos rituais de gestão, por isso é importante que todos dominem os resultados que produzem e que entendam o impacto das ações do dia a dia nesse resultado.

GESTÃO À VISTA

A gestão à vista é uma forma transparente e eficaz de comunicação dos resultados. Ela é uma grande aliada do processo de alinhamento da equipe e dos esforços para conquistar um objetivo comum.

Como o próprio nome diz, a gestão à vista consiste na disponibilização das informações dos ganhos obtidos na área de trabalho em local de fácil visualização, de forma a permitir a todos conhecer os resultados, inclusive pessoas que estejam de passagem. A linguagem da gestão à vista deve ter padrões visuais claros, pois não pode dar margem à interpretação incorreta dos dados expostos, de forma que seja possível compreender rapidamente o desempenho do processo, assim como agir corretamente no caso de evento significativo.

A implementação da gestão à vista traz os seguintes benefícios às empresas:

- A atualização constante dos dados permite a toda a equipe acompanhar o desempenho das atividades e a tendência dos resultados;
- A fixação das informações dá visibilidade e transparência para as metas da unidade;
- A definição e acompanhamento dos indicadores reforça a tomada de decisão baseada em fatos e dados e fortalece a cultura de gestão em todos os níveis da organização;
- Imprime velocidade na correção dos rumos.

Inicialmente, o modelo pode causar resistência, mas uma vez que os gráficos são padronizados para toda a organização e a informação está sempre atualizada, ele pode alcançar melhorias e as pessoas estarão treinadas nas práticas de gestão utilizando essa nova ferramenta.

Alguns gestores reclamam da dificuldade de atualização dos quadros. Por isso, é fundamental certificar-se de implementar a gestão à vista no modelo que for mais adequado ao seu negócio. Simplicidade e clareza são essenciais. Ainda é comum encontrar quadros com atualização manual sobrevivendo junto a painéis digitais atualizados em tempo real.

QUADROS ESTÁTICOS

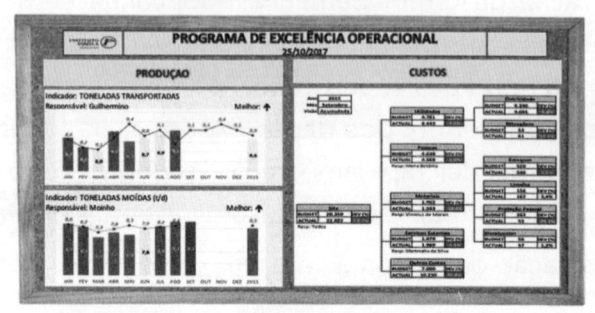

Alimentados manualmente com frequência diária, semanal ou mensal

MODELOS DIGITAIS (TVS, TELÕES, ETC)

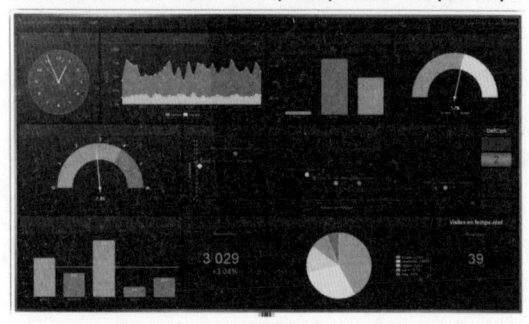

Atualizados automaticamente ou por intervenção dos operadores

Abaixo apresentamos os 8 erros mais comuns na gestão à vista.

Figura 32 – 8 Erros comuns na Gestão à Vista

RITUAL DE GESTÃO

Os resultados são construídos no dia a dia e quanto mais eficiente for a capacidade do gestor em prever possíveis bloqueios e adversidades, reagindo tempestivamente, mais o resultado esperado será alcançado. Por isso, é importante acompanhar continuamente como estamos em relação às metas específicas e às metas gerais.

Os rituais de gestão devem permear todas as áreas e níveis hierárquicos da organização, adequando o nível da discussão ao público. Os rituais devem seguir um cronograma predefinido de análise, discussão e apresentação dos resultados e planos de ação. Para facilitar a organização dos rituais, são classificados conforme sua frequência:

- *RITUAL DIÁRIO: Também conhecido como reunião minuto ou reunião relâmpago, é onde se faz o acompanhamento da execução das ações. Essas reuniões devem ser bastante objetivas (máximo de 15 minutos) e passar de forma efetiva a mensagem do que é importante no dia. Pendências do dia anterior, pontos de atenção, ações a serem executadas no dia e mensagens de segurança são exemplos de assuntos tratados nesses encontros.*
- *Recomenda-se que essa conversa seja realizada no local de trabalho da equipe, a fim de evitar deslocamentos. Normalmente, elas são realizadas em frente a uma gestão à vista com o(s) principal(is) indicador(es) de processo(s) da área.*

- *RITUAL SEMANAL: O objetivo do ritual semanal é perceber possíveis desvios e corrigir a rota em tempo de garantir o resultado mensal. Os resultados dos processos, a evolução do plano de ação e dos times de excelência são acompanhados nesse ritual.*
- *Ferramentas de gestão, como a matriz de receita ou despesa e a árvore de indicadores (OFU – Operation Follow Up, do*

português, acompanhamento da operação) ajudam a dar foco e ganhar produtividade nesses encontros.

- **RITUAL MENSAL**: *é um momento de acompanhamento e controle dos resultados pela alta direção e pelas equipes gerenciais. Para os rituais de gestão da Diretoria, os gestores devem apresentar seus resultados e ações com o auxílio do relatório de uma página (OPR – one page report). O papel da Diretoria é dar a direção e solucionar problemas interfuncionais, apoiando gestores e equipes. As análises de variação financeira e operacional são essenciais para a preparação do ritual mensal, pois correlacionam os desvios no resultado financeiro com os resultados operacionais, além de apontar possíveis novos problemas.*

Dependendo do andamento dos resultados e amadurecimento da gestão das áreas, a frequência semanal pode tornar-se quinzenal.

Figura 33 – Organização dos Rituais de Gestão

É importante destacar que, para as reuniões serem produtivas, é necessário que cada gestor faça sua lição de casa. Verifique sempre os resultados e, em caso de desvio, após exaustivas análises em busca das causas fundamentais das anomalias, já proponha contramedidas. O relatório de uma página ajuda a estruturar essa reflexão do passado, presente e futuro de maneira resumida e concisa com o método. Esse momento de reflexão é tão importante que dedicamos uma sessão neste capítulo para tratar do tema.

Outra recomendação é nomear um facilitador para a reunião, alguém que irá trabalhar em:

- Garantir que os resultados foram divulgados e estão acessíveis a todos os envolvidos;
- Garantir que a situação das ações está atualizada nos planos;
- Verificar o cumprimento das pendências das reuniões anteriores;
- Garantir que os OPRs estarão em local acessível no dia da reunião;
- Agendar o ritual com antecedência;
- Treinar novos gestores para apresentarem seus resultados;
- Identificar os principais desvios e informar os responsáveis;
- Fazer a ata da reunião e divulgar para os envolvidos.

Durante a reunião, é importante que o líder a conduza e coordene os momentos de abertura, apresentação e conclusão.

A fase de abertura é de preparação do terreno, de introdução do assunto, de quebrar o gelo e apresentar o conteúdo, as pendências das reuniões passadas e as regras para a reunião trazer novos insumos à gestão da organização.

Em seguida, é necessário fazer uma apresentação dos resultados globais e convidar os gestores para apresentarem seus relatórios de uma página.

Todas as decisões tomadas durante a reunião devem ser registradas para posterior divulgação a todos os envolvidos. Deve-se finalizar reforçando os próximos passos e pedindo *feedback* das lideranças sobre os pontos de melhoria.

O objetivo do ritual não é procurar culpados, gerar grandes discussões ou dar justificativas. Discussões e pontos polêmicos devem ser tratados antes da reunião, para que os gestores tenham a oportunidade de se preparar previamente.

A obediência ao tempo estipulado, isto é, cumprimento do horário, é de fundamental importância para que a reunião fique focada nos temas elencados e não haja dispersões.

O objetivo dos rituais de gestão é preparar o futuro.

ATUALIZAÇÃO DAS AÇÕES

O acompanhamento das ações consiste em verificar a situação de cada ação do plano. Esse *status* deve ser registrado no documento do plano de ação (5W1H). A comprovação da conclusão de uma ação pode exigir visita ao local.

Atrasos sistemáticos na realização das ações e/ou ausência e omissões dos responsáveis devem ser tratados com profissionalismo, comunicando-se as falhas aos superiores, para providências em nível mais alto.

Antes do ritual de gestão, é necessário verificar se as ações estão sendo executadas adequadamente e dentro do tempo previsto. No caso de ações atrasadas, é necessário esclarecer quais as providências devem ser ou já foram tomadas, reprogramando sem alterar a data final do plano.

As ações que não estão sendo executadas adequadamente devem ser destacadas na reunião, cabendo ao responsável explicar a razão para tal e fazer proposta de regularização.

Cabe ao superior imediato chamar a atenção do faltante quanto à necessidade do cumprimento daquilo que foi planejado, validado e contratado.

Quando as ações não são realizadas, os resultados não acontecem (se acontecerem, é sorte), por isso é necessário avaliarmos a condição das ações e a correlação com o resultado.

Abaixo, apresentamos critérios para identificação de possibilidades de cenários de resultados alcançados e ações realizadas, visando analisar criticamente a situação do indicador e as possíveis contramedidas:

ANÁLISE DE CENÁRIOS (META X AÇÕES) E RECOMENDAÇÕES			
CENÁRIOS	**RESULTADOS**	**AÇÕES**	**RECOMENDAÇÕES**
Cenário 1: Muito embora as ações tenham sido implementadas, a meta não foi atingida	Meta do mês não atingida Meta do ano não atingida	• Percentual Alto de Ações Concluídas	1) Identifique as causas das anomalias que provavelmente apareceram no período analisado. 2) Verifique se as ações ainda não realizadas serão suficientes para alcançar a meta do ano. 3) Se as ações não são suficientes, promova análise e elabore novas ações.
Cenário 2: Não foi possível executar as ações conforme previsto e a meta não foi atingida	Meta do mês não atingida Meta do ano não atingida	• Percentual Baixo de Ações Concluídas • Percentual Alto de Ações Atrasadas	1) Identifique os motivos da não realização do plano previsto (dificuldades ou impedimentos). 2) Defina contramedidas sobre os motivos levantados. 3) Reprograme as ações, registrando novos prazos, sem alterar as datas previstas iniciais.
Cenário 3: As ações foram executadas e as metas atingidas	Meta do mês atingida Meta do ano atingida	• Percentual Alto de ações concluídas	Verifique se a meta foi alcançada 100% devido às ações concluídas. Se sim: • Identifique quais foram as ações que influenciaram os resultados obtidos. • Promova a revisão de padrões, incorporando as ações de sucesso identificados. • Oriente o treinamento dos operadores nos padrões revisados. Se não: • Verifique por que as ações propostas foram fracas. • Identifique quais foram as outras causas positivas que provocaram o alcance da meta.
Cenário 4: A meta foi alcançada sem que as ações tenham sido implementadas conforme previsto	Meta do mês atingida Meta do ano atingida	• Percentual Baixo de Ações Concluídas • Percentual Alto de Ações Atrasadas	1) Identifique a causa positiva que provocou o alcance da meta 2) Identifique os motivos da não realização do plano conforme previsto (dificuldades ou impedimentos)

Tabela 14 – Critérios para Identificação de Cenários

Para garantir produtividade e foco no acompanhamento das ações durante o ritual de gestão, o facilitador da gestão deve:

- Verificar a quantidade de ações atrasadas de cada responsável;
- Enviar as ações atrasadas para cada responsável antes da reunião de acompanhamento;
- Verificar e acompanhar a quantidade de ações atrasadas por líder;
- Priorizar as ações mais atrasadas;
- Identificar, quando possível, as ações atrasadas de maior impacto no resultado;
- Verificar as causas do atraso;
- Verificar as contramedidas propostas para redução ou eliminação dos atrasos, assim como os responsáveis e prazos, certificando-se que serão efetivas;
- Anotar no campo Observação do plano de ação, para as ações atrasadas, as causas, contramedidas, responsáveis e novo prazo.

Quanto à eficiência das ações, é necessário acompanhar o impacto delas no resultado:

- As ações concluídas foram eficientes? (Avaliar o impacto nos resultados);
- Há alguma ação que não está sendo feita adequadamente ou está ineficiente?
- O que nós temos para garantir a execução correta das ações?
- Existem mais ações com os mesmos problemas? É possível nos prevenir para evitar que esses problemas aconteçam novamente?

Uma forma simples de verificar o impacto das ações é olhar o resultado de três momentos separadamente: antes, durante e após a execução. Gráficos sequenciais e gráficos de Pareto são mais comumente utilizados.

Meta: Reduzir o índice de defeitos de 12% para 10% até 31 de dezembro de 2017, ou seja, reduzir 10.000 itens defeituosos

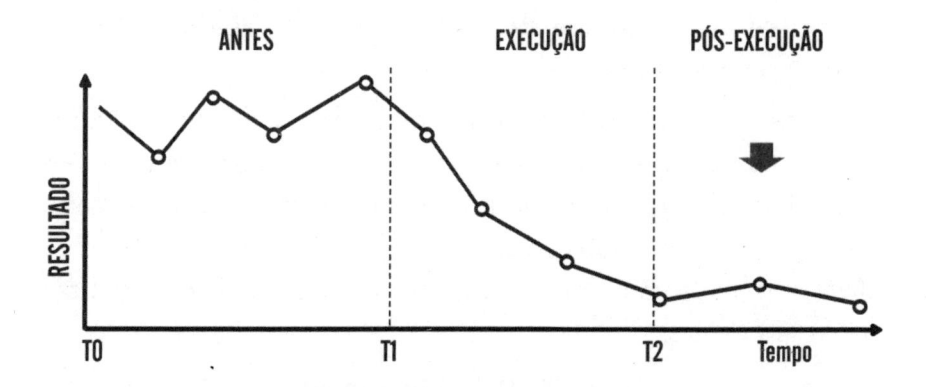

Figura 34 - Acompanhamento dos resultados e implementação das ações

Olho atento para que as ações de sucesso entrem na rotina do trabalho com a padronização adequada, trazendo sustentabilidade aos resultados futuros.

ANÁLISE DE RESULTADOS

A análise dos resultados financeiros e operacionais permite avaliar:

- Mudança de gargalos;
- Surgimento de novos problemas / novas oportunidades;
- Evolução dos times de excelência;
- Impacto das ações executadas no resultado;
- Sustentabilidade dos resultados atingidos.

A análise prévia das variações deve garantir produtividade e foco no acompanhamento dos resultados durante o ritual de gestão. O acompanhamento dos resultados permite estabelecer contramedidas que garantam a recuperação do desvio (ou minimizem as perdas) e o alcance da meta geral.

Essas contramedidas devem ser elaboradas antes da reunião e levadas apenas para validação.

Ressalta-se a necessidade de novas análises de alta qualidade e extrema profundidade.

Devemos controlar tanto os resultados gerais quanto os resultados específicos, pois a relação de causa e efeito ajudará a entender quais os resultados específicos que mais contribuíram para o resultado geral. Uma melhoria pode ter sido alcançada em um resultado específico, mas ainda não ter aparecido no resultado geral por diversas razões, entre elas:

- Novos problemas em outros resultados específicos que deixaram de ser priorizados;
- Questão temporal (exemplo: a qualidade do produto pode ter melhorado, mas o índice de reclamações não baixou, pois os produtos que estão sendo vendidos ainda não são o da produção atual, considerando que havia estoque do lote anterior);
- Relação de causa e efeito não identificada que produziu ação pouco robusta.

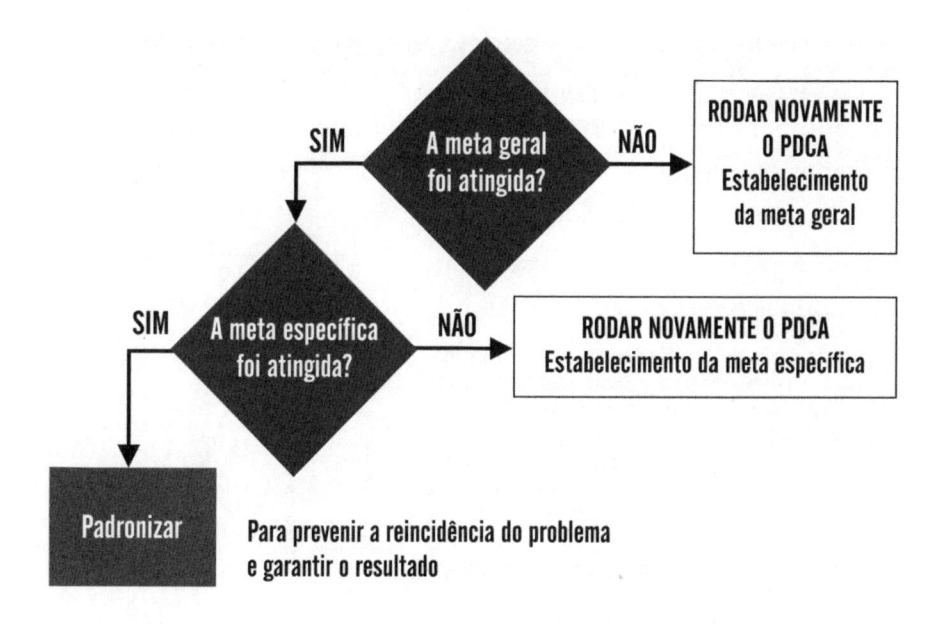

Figura 35 – Verificando os resultados

FERRAMENTAS DE VERIFICAÇÃO

Além das ferramentas já apresentadas nos capítulos anteriores, existem outras que podem ser utilizadas nessa fase. Na tabela 15, citamos alguns exemplos:

FEHRRAMENTA	DESCRIÇÃO	
Diagrama de Gantt	O diagrama de GANTT é um instrumento que permite o acompanhamento visual das etapas de um projeto ou plano de ação.	
Gráfico de Gantt e Gantt de Acompanhamento (Tracking Gantt)	É constituído de uma tabela que relaciona as tarefas, suas informações e um gráfico que exibe a duração das tarefas e seus relacionamentos. Na coluna de tarefas (*task*), descrevemos a tarefa a ser executada. Na coluna de duração (*duration*), destaca-se o tempo previsto que a tarefa leva para ser executada. Para o acompanhamento, utiliza-se o Tracking Gantt, pois ele exige o andamento do projeto e a linha base.	
Gráfico Value Ease	A ferramenta do *value-ease* também pode ser usada no acompanhamento das ações. Através da ferramenta, é fácil perceber as ações que, apesar de serem de fácil implementação, ou seja, demandam pouco tempo de execução, ainda estão atrasadas.	
Gráfico da Taxa de Retorno	Importante sempre mostrar esta curva de retorno de um projeto. Isso dá segurança e credibilidade ao trabalho.	
Relatório de uma página	No conceito do *one page report* (Relatório de uma Página), o gestor deve ser capaz de apresentar em uma página os resultados das suas metas, *status* dos seus planos de ação e contramedidas, a fim de reverter os resultados indesejados.	

Tabela 15 – Algumas ferramentas de acompanhamento

ATUAR E PADRONIZAR

ATUAR E PADRONIZAR

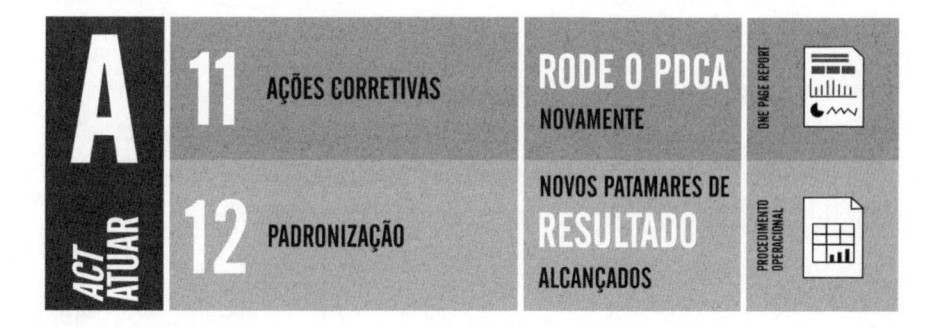

INTRODUÇÃO

Após a verificação dos resultados, chega o momento da tomada de decisão, buscando os novos caminhos a percorrer.

Se os resultados foram parcialmente atingidos, as medidas tomadas anteriormente podem não ter sido suficientes para conquistar toda a oportunidade ou não terem sido efetivas para eliminar os bloqueadores de resultado ou não terem sido implantadas.

Revisitar as análises já realizadas e priorizar novas variáveis do Pareto, por exemplo, podem ser formas rápidas de conquistar todo o resultado. O surgimento de problemas novos, análises incompletas, priorização incoerente ou não execução das ações no tempo adequado são exemplos de fatores que podem levar ao não alcance das metas.

Se nenhum resultado foi alcançado, será necessário refazer o ciclo de planejamento, refletindo mais uma vez sobre onde e por que motivo o problema acontece.

Essa etapa é um convite à reflexão. No passado executava-se novo ciclo do PDCA, no entanto, nos tempos modernos é preciso agir rápido e nem sempre o tempo de resposta necessário permitirá que todas as fases de planejamento sejam refeitas. Rever as análises e mudar o foco das ações pode ser uma boa saída para conquistar uma resposta rápida.

Cuidado para que a causa raiz ou fundamental seja, realmente, identificada e eliminada, evitando-se, destarte, que a velocidade imprimida ao processo leve à eliminação tão somente dos sintomas ou efeitos, fazendo com que o problema torne-se crônico.

Por fim, no caso do resultado ter sido alcançado, deve-se prevenir a reincidência do problema por meio da padronização, ou seja, deve-se fazer com que a rotina garanta que o resultado alcançado seja mantido.

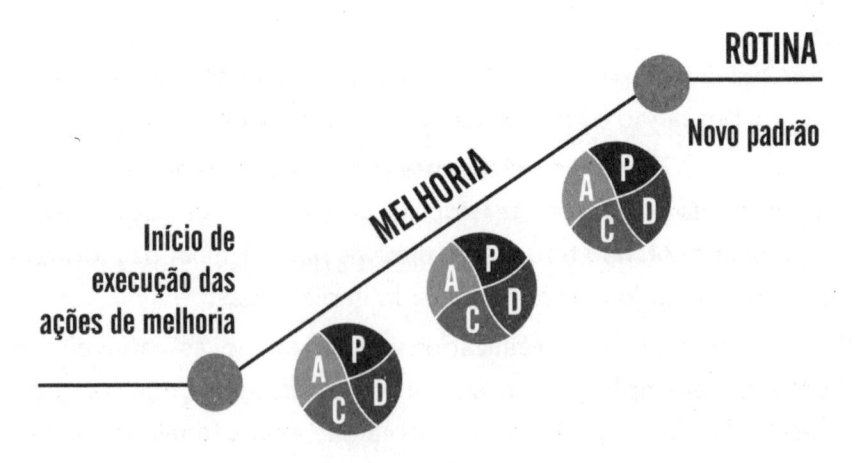

Figura 37 – Melhoria e Rotina

AÇÕES CORRETIVAS

Propor ações corretivas sem realizar novas análises é uma prática que pode ser adotada, porém com extrema cautela. Elas só são efetivas se a fase de planejamento tiver sido muito bem realizada.

Propor ações corretivas significa refletir sobre as lições aprendidas na fase de execução das ações, mas, se necessário, revisitar as análises prévias é uma prática que não deve ser desprezada:

- Ações foram realizadas e eram efetivas, porém não foram suficientes para cobrir todo o desvio?
- Existe algum item não priorizado que me ajudaria a alcançar o resultado agora?
- Por que minhas ações não foram suficientes?
- As análises estavam consistentes?
- Surgiram problemas novos internos ou externos? Quais questões devo considerar para iniciar um novo ciclo de análises?

A análise de fatos e dados e a análise das causas do ciclo anterior me ajudaram a entender quais eram as limitações do meu processo para que eu atingisse o resultado. Revê-las não significa desconsiderar o dinamismo do processo, mas sim aproveitar todo o esforço de análise já efetuado e, juntamente com as lições aprendidas no ciclo, garantir resposta rápida. Se existe possibilidade ou indício de novo problema, análises específicas devem ser realizadas.

Abaixo, mostramos o relatório de uma página (OPR), o qual ajuda a organizar as ideias e propor novas ações a partir das lições aprendidas no ciclo anterior:

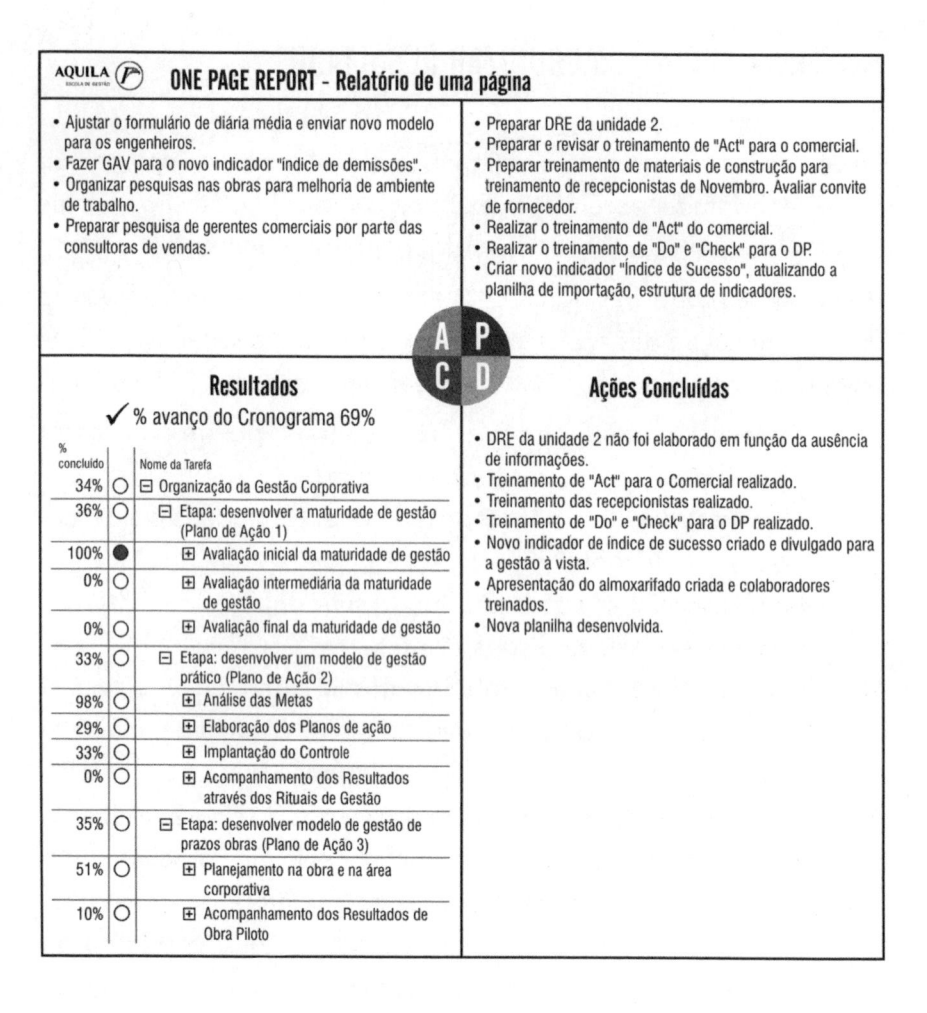

Figura 38 – *One page report*

PADRONIZAÇÃO

Após a execução das ações, espera-se que um novo patamar de resultado seja alcançado e possa ser repetido, por isso é importante descrever em formato de instrução de trabalho ou conjunto de tarefas quais os passos devem ser executados para garantir esse patamar.

PADRONIZAR RESULTADOS

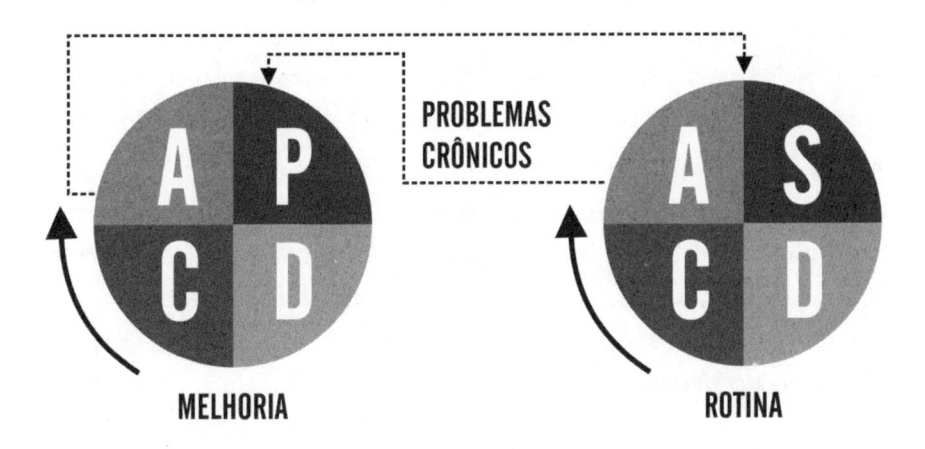

Figura 39 – Melhoria x Rotina

Por exemplo, se minha produtividade anterior era 60 e com as novas ações consegui alcançar produtividade 100, preciso atualizar as instruções de trabalho com as novas atividades que me garantem repetir a produtividade de 100.

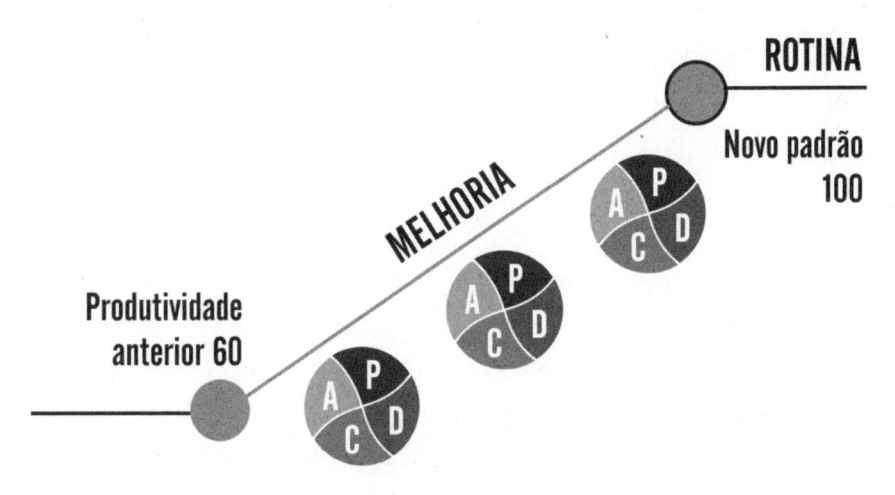

Figura 40 – Padronização para o novo patamar de resultado

Escrito o padrão, o que devo fazer na sequência? Criar o "Standard Operacional", ou seja, definir quais os limites de controle aceitáveis de variação do resultado. Se o mínimo aceitável for 95 e o máximo 105, esses limites devem ficar claros na instrução de trabalho (**carta de controle**), bem como o que fazer caso os valores não sejam alcançados.

Se, ao executar a lista de tarefas descritas na instrução de trabalho, a produtividade é de 94, ou seja, fora dos limites da carta de controle, digo que tenho uma anomalia. Uma **anomalia** é uma ocorrência pontual que precisa ser corrigida imediatamente, mas não implica alteração do padrão.

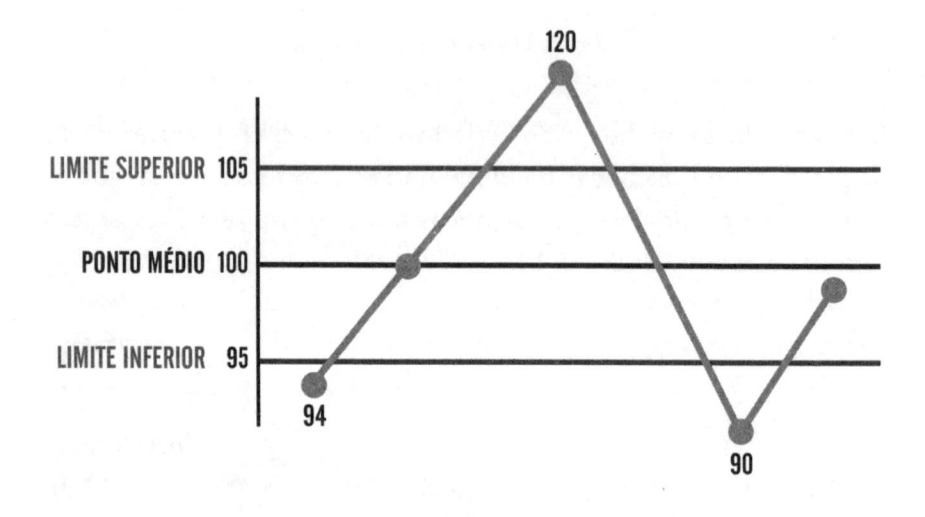

Figura 41 – Carta de controle

Em casos de anomalia, é necessário fazer um relatório de anomalia com ações Ver e Agir para documentar o ocorrido, mas não se exige nenhum esforço adicional, uma vez que essas ações estão dentro da instrução de trabalho operacional (o processo é capaz!).

No entanto, se eu começo a ter resultados de 90 a 110, completamente diferentes do standard operacional, eu preciso estudar as oportunidades de melhoria e voltar ao PDCA. Veja o exemplo abaixo:

Considerando que o **standard operacional** é de 95 e 105, com o ponto médio de 100, caso o resultado seja 90 a 110, mesmo alcançando o ponto médio de 100, faz-se necessário voltar para a etapa 1 do PDCA e identificar as oportunidades de melhoria, pois há variações no resultado, fazendo com que ele fique fora do padrão operacional.

Quando falamos de padronização, estamos falando de rotina do trabalho. Faz parte da rotina executar as atividades operacionais por meio dos padrões, para garantir a saída de um processo conforme descrição do produto.

Na produção de massas, por exemplo, após a mistura dos ingredientes, ela passa por várias etapas de secagem; sua umidade deve ser suavemente reduzida para garantir a qualidade e aproveitamento do produto final.

Em cada etapa, a temperatura, umidade e tempo de exposição são variáveis que devem ser controladas. A padronização é o caminho para controlar essas variáveis e garantir a repetitividade do resultado. Em outras palavras, o padrão operacional deve conter os limites de controle dessas variáveis.

Conhecer cada etapa do processo, assim como as variáveis e seus valores ideais, é a essência da padronização.

A partir daqui chamaremos essas variáveis de indicadores do processo. A rotina deve monitorar esses valores, para garantir que eles fiquem no intervalo predeterminado. Os processos, as atividades e as formas de reagir a cada variação devem ser documentados e disseminados por meio de treinamento do nível operacional.

A verificação periódica do cumprimento dos padrões permite identificar falhas na execução e reforçar a estabilidade do processo.

Abaixo, pontos de atenção para garantir a repetibilidade dos resultados:

1. Mapeamento dos processos e identificação das tarefas críticas;
2. Elaboração dos padrões;
3. Treinamento dos padrões pela função Supervisão e Auditoria;
4. Monitoramento dos Resultados (Confirmação da efetividade do Procedimento Operacional Padrão);
5. Cumprimento dos Padrões;
6. Tratamento de Anomalias.

Quando um indicador de processo (**limite de controle** – estabelecido pelos padrões operacionais ou **limite de especificação** – estabelecido pelos *stakeholders*) excede os limites determinados de variação, significa que ocorreu uma anomalia no processo.

Tratar anomalias faz parte da rotina, mas assim como um detetive, o nível operacional precisa tirar uma foto da "cena do crime", ou seja, documentar essa ocorrência. É preciso anotar todas as evidências e variáveis no momento de ocorrência do problema. Chamamos essa documentação de "relatório de anomalia".

O relatório de anomalia é uma ferramenta simples a ser utilizada pelo nível operacional para documentar a ocorrência de um resultado não esperado (leia-se fora do padrão), além de apresentar a forma como ele foi tratado. Esse histórico permite:

- Avaliar relações de causa e efeito,
- Identificar possíveis geradores de problemas no resultado,
- Avaliar a recorrência de falhas.

A ocorrência de diferentes tipos de anomalias faz parte da rotina e deve ser tratada imediatamente pelo nível operacional, com a remoção do sintoma. No entanto, quando uma mesma anomalia se torna recorrente, o problema deixa de ser um fato rotineiro e passa a ser uma necessidade de melhoria. Isso significa que os padrões em vigor não são mais suficientes para garantir a saída esperada do processo, e o esforço para o alcance do resultado passa a ser um procedimento de melhoria.

MAPEAMENTO DOS PROCESSOS E IDENTIFICAÇÃO DAS TAREFAS CRÍTICAS

Mapear os processos é entender e documentar as principais etapas necessárias para o alcance da meta padrão. A **meta padrão** é utilizada para manter os resultados dentro de uma faixa esperada, por exemplo: atender ao telefone sempre antes do terceiro sinal. Cada etapa é composta por um conjunto de tarefas/atividades. Atividades com maior impacto no produto ou serviço e que precisam ser detalhadas passo a passo são chamadas de atividades críticas.

Por isso, todo trabalho que trouxer riscos operacionais, impactos na qualidade do produto ou serviço, prejuízos financeiros e problemas de segurança física ou patrimonial na imagem da empresa e meio ambiente devem ser padronizados. Em suma, todas as atividades ou tarefas críticas.

A organização deve estabelecer uma regra para a definição de atividade ou tarefa crítica.

ELABORAÇÃO DOS PADRÕES

A padronização aborda todo o conjunto de atividades sistemáticas para estabelecer, utilizar e avaliar padrões quanto ao seu cumprimento e aos seus efeitos sobre os resultados.

Um padrão é um compromisso documentado, utilizado em comum e repetidas vezes pelas pessoas relacionadas a um determinado trabalho. Nele, o passo a passo deve estar documentado de forma a não deixar dúvidas na execução. Abaixo, algumas dicas para elaborar um padrão eficaz:

- Utilize fotos para auxiliar na visualização do que se quer mostrar;
- Utilize desenhos e esquemas para facilitar o entendimento;
- Utilize fluxos do processo para direcionar o raciocínio;
- Utilize vídeos para fixar e facilitar o entendimento.

Lembre-se sempre de que os padrões devem garantir a estabilização dos resultados, e, para isso, precisam ser fáceis de entender e interpretar, estarem atualizados e serem seguidos. Para garantir que a operação siga os padrões, é necessário, primeiramente, treiná-los e depois executar verificações constantes para identificar necessidade de reforço do treinamento e/ou atualizações (auditoria dos padrões).

Todos os padrões estabelecidos devem ser revistos com frequência determinada, evitar obsolescência e garantir o cancelamento das atividades em desuso.

REVISÃO PROGRAMADA	REVALIDAÇÃO
Princípio Empresarial	36 meses
Política	24 meses
Regulamento	18 meses
Padrão Gerencial de Processo	18 meses
Procedimento Operacional Padrão (POP)	12 meses

Tabela 16 – Atualização dos Padrões

Os padrões estão presentes nos diferentes níveis da organização e são compromissos firmados com agentes internos e externos. A tabela a seguir apresenta uma lista de tipos de padrões:

ORIGEM	CLASSIFICAÇÃO	TIPO
Documentos externos		Legislação (leg)
		Norma técnica (nte)
Padrões internos	Fundamental	Princípio empresarial (pem)
	Estratégico	Política (pol)
	Tático	Regulamento (reg)
		Padrão gerencial de processo (pgp)
		Padrão técnico do processo (ptp)
		Manual de treinamento na função (mtf)
	Operacional	Procedimento operacional (pop)
		Manual de treinamento na tarefa (mtt)

Tabela 17 – Tipos de Padrão

TREINAMENTO DOS PADRÕES

Após estabelecer os padrões, é necessário capacitar as pessoas que deverão cumpri-los. Essa fase é composta por três etapas: **preparação** dos supervisores das equipes (função supervisão), **elaboração** dos planos de treinamento e **realização dos treinamentos** no posto de trabalho ou mesmo em sala de aula.

Na preparação do supervisor, deve-se ter a certeza de que ele conhece e domina os padrões atuais e é capaz de formar o nível operacional para executar os novos padrões. Quando o treinamento está sendo ministrado a partir de falhas operacionais identificadas, o supervisor deve conhecer as falhas e conseguir explicar a diferença entre o que está sendo executado e o que deveria ser executado.

		SITUAÇÃO NORMAL	OCORRÊNCIA DE ANOMALIAS
Funções Operacionais	Supervisão	• Treina a função operação • Verifica se a função operação está cumprindo os procedimentos operacionais padrão	• Registra e relata as anomalias crônicas para a função gerencial. • Conduz a análise das anomalias, eliminando as causas fundamentais.
	Operação	• Cumpre os padrões	• Relata as anomalias • Remove sintomas

Figura 42 – Tabela de Nemoto (funções operacionais)

O primeiro passo para a elaboração do treinamento em sala de aula é garantir que existe alinhamento de todas as partes envolvidas em relação aos objetivos do treinamento e às expectativas individuais.

Prepare os recursos materiais necessários, o local, a convocação. Durante o treinamento leia o documento, explique detalhadamente cada etapa, distribua cópias do padrão. Ao final do treinamento teórico, faça avaliação do conhecimento adquirido.

"Aquilo que escuto eu esqueço, aquilo que vejo eu lembro, aquilo que faço eu aprendo."

Provérbio Chinês

Em seguida, faça o treinamento no Posto de Trabalho, unindo o Conhecimento Explícito (Teoria) e o Conhecimento Tácito (Prática).

MONITORAMENTO DOS RESULTADOS E CUMPRIMENTO DOS PADRÕES

Ao longo do capítulo, reforçamos várias vezes a importância de verificar se os padrões estão mesmo sendo seguidos. A técnica utilizada mais eficaz para essa comprovação é o Diagnóstico do Trabalho Operacional.

Diagnóstico do Trabalho Operacional – DTO – é uma ação preventiva e educativa para gerar no operador a disciplina de estabilizar o processo. A prática do DTO evita as anomalias, sendo, portanto, importante estabelecer um calendário para que ele seja aplicado pelo menos três vezes ao ano, a fim de garantir a estabilidade do processo.

Durante o DTO, o supervisor (função) deverá analisar: (*Fonte: Juran e Gryna, 1988*)

- Se os padrões estão atualizados;
- Se o operador conhece os padrões;
- Se o operador entende os padrões;
- Se o operador conhece os pontos críticos dos padrões;
- Se o operador cumpre os padrões;
- Se o operador está preparado para atuar nas anomalias;
- Se o operador tem sugestões de melhoria a respeito dos padrões.

É por meio do DTO que verificamos se os padrões estão sendo cumpridos, se existe necessidade específica de treinamento ou se existe necessidade de revisão dos padrões. O DTO também pode ajudar a identificar não conformidades (*Fonte: Juran e Gryna, 1988*):

- Problemas crônicos que não foram identificados e tratados;
- Padrões obsoletos sendo utilizados nas áreas;
- Parâmetros de processo desatualizados;
- Instrumentos de trabalho com falhas ou defeitos;
- Instruções do processo que não são adequadas ou inexistem;
- Pessoal sem qualificação atuando em processos críticos;
- Falta de cumprimento de padrões por parte de operadores mais antigos;
- Várias formas de fazer a mesma operação.

O DTO não é um processo punitivo, ele faz parte da manutenção da rotina, portanto, o seu executor deve estar preparado para:

- Esclarecer as dúvidas *que surgirem sem causar constrangimentos aos Operadores;*
- *Esperar a execução completa de toda a atividade/tarefa, antes de corrigir os desvios e esclarecer as dúvidas;*
- *Apontar os erros e refazer os passos na forma e sequência corretas, solicitando ao Operador que repita os passos;*
- *Aproveitar o momento do diagnóstico para atuar como um educador dos operadores, explicando a importância dos padrões para o processo.*

A figura 43 ilustra o passo a passo de como executar o DTO.

PASSO	DESCRIÇÃO
1	Preparar as folhas de diagnóstico conforme o procedimento operacional padrão a ser diagnosticado.
2	Explicar para o executante o objetivo do diagnóstico.
3	Pedir para o executante informar qual tarefa ele está executando e onde encontra-se a norma operacional.
4	Pedir para que o executante descreva a tarefa enquanto a executa.
5	Anotar na folha de diagnóstico o cumprimento ou não da atividade e preencher o campo observações.

◆	Consegue-se treinar na ocasião do diagnóstico? Se sim: Siga para o passo 6 Se não: Vá para o passo 7
6	Treinar o executante (TPT- Treinamento no Posto de Trabalho)
7	Finalizar o diagnóstico, preenchendo o campo observações e ações corretivas
8	Realizar o *feedback*

Figura 43: Passo a passo de como executar o DTO

Após o DTO aplicado, o *feedback* ao Operador é importante para mostrar-lhe a relevância e os impactos do seu trabalho no processo. Ele deve ser realizado logo após o diagnóstico e deve ser visto como ajuda e estímulo para:

- Mudança de comportamento;
- Aquisição e desenvolvimento de habilidades;
- Proposição de ações corretivas para melhoria do desempenho;
- Atualização dos padrões.

O supervisor não deve fazer do *feedback* um momento de cobrança. O *feedback* positivo deve ser dado com frequência e com base em atitudes reais. Coordenadores, Supervisores e Operadores devem estar abertos a um novo treinamento. Melhorias devem ser propostas após o DTO, se:

- *O resultado não é o esperado e o padrão não estiver adequado:*

SITUAÇÕES	RECOMENDAÇÕES
O padrão não está numa forma utilizável	Reescreva o padrão em conformidade com o método atual de trabalho.
Os operadores têm dificuldades em entender	Reescreva e simplifique o padrão usando diagramas e figuras para fácil compreensão.
Não é prático ou não conduz a bons resultados	Reveja o padrão reforçando a parte técnica.

- *O padrão é adequado, mas não está sendo cumprido:*

SITUAÇÕES	RECOMENDAÇÕES
Os operadores não compreendem o padrão	Treine os operadores de acordo com o padrão.
Os operadores não possuem habilidade para cumprir o padrão	Dê treinamento técnico aos operadores ou os realoque para trabalhos diferentes.
Os operadores não sentem necessidade de cumprir o padrão	Instrua e guie os operadores a cumprirem o padrão. Em alguns casos, é preciso adverti-los.

- *O padrão é adequado, está sendo cumprido, mas o resultado não é o esperado:*

SITUAÇÕES	RECOMENDAÇÕES
As condições de trabalho são inadequadas	Melhore as condições de trabalho.
Procedimento fácil de errar ou equipamento complicado	Melhore os métodos de trabalho, introduzindo mecanismos à prova de erros (foolproof). (Ex. sensores, dispositivos automáticos).

TRATAMENTO DE ANOMALIAS

Uma anomalia é um desvio das condições normais de trabalho, é um resultado indesejado (Falha = Erro = Desvio = Ocorrência = Defeito = Não Conformidade). São exemplos de anomalias:

- Reclamações;
- Acidentes;

- Um problema com o produto;
- Retrabalho;
- Um barulho estranho ou quebra no equipamento;
- Refugos;
- Insumos fora da especificação;
- Erro no anúncio;
- Relatório errado.

As anomalias provocam perdas significativas de produtividade, e, consequentemente, perdas financeiras e perdas de imagem do produto frente à sociedade e ao mercado.

As anomalias devem ser tratadas rapidamente, para evitar que elas cheguem a impactar características do produto ou serviço que serão percebidas pelo cliente.

Para que recorrências de falhas não passem despercebidas, é muito importante registrar, relatar e tratar as anomalias.

O registo de anomalia permite conhecer os problemas/variações que ocorrem no processo e identificar falhas crônicas que afetam o seu desempenho. Infelizmente, o cenário que encontramos na maioria das empresas está longe do ideal em se tratando de anomalias, já que, normalmente, o que encontramos é:

- As falhas não são relatadas;
- Os registros estão incompletos;
- O tratamento não é sistemático;
- Critérios de tratamento não estão claros para todos os envolvidos;
- Processo de tratamento no passado se mostrou burocrático, algumas vezes se resumindo ao preenchimento de formulários;
- Acúmulo de falhas para serem tratadas pelos facilitadores;
- Deficiência no "*feedback*/acompanhamento".

A avaliação da criticidade das anomalias ajuda a dar foco no tratamento. Dessa forma, as análises devem ser aprofundadas para as mais críticas, o que garantirá que o tratamento será eficaz, mesmo que poucas anomalias sejam tratadas.

O processo de tratamento de anomalia engloba sete passos:

- Relatar;
- Analisar;
- Definir ações;
- Registrar (relatório de falhas);
- Implementar ações;
- Verificar;
- Identificar problemas crônicos (anomalias recorrentes).

Em virtude da repetitividade e da previsibilidade de um processo, as anomalias podem acontecer com maior ou menor frequência e impacto nos resultados, tornado-os instáveis. Sendo assim, é necessário tratá-las. No entanto, nem sempre faz sentido tratar todas elas, apesar de o registro de todas ser compulsório no sentido de gerar informação que, adiante, pode ser transformada em conhecimento.

A figura 44 mostra o registro obrigatório das anomalias e um exemplo de escala (gradação) para o seu tratamento.

Em virtude da criticidade e da frequência das anomalias, deve-se convencionar aquilo que irá ser exigido, conforme abaixo:

→ Relatório de anomalia semanal: para análises mais simples e mais focadas na remoção dos sintomas e para o início de análises de causas;

→ Quinzenal: o que exige aprofundamento de análise envolvendo equipes maiores multidisciplinares, por exemplo;

→ Mensal: o que exige análises mais completas;

→ Projeto de melhoria: normalmente, anomalias que caracterizam problemas crônicos.

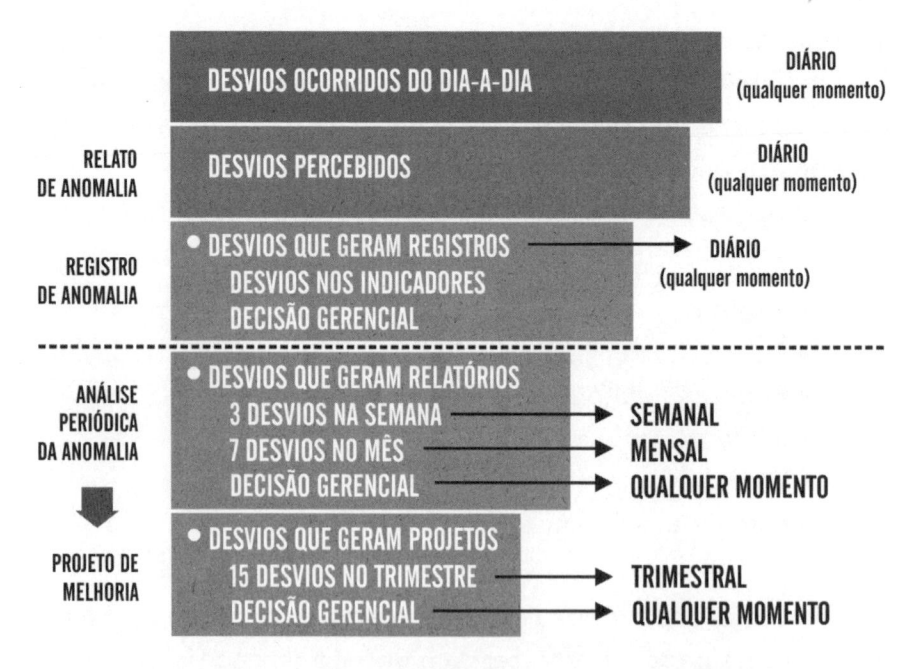

Figura 44 – Registro de Anomalias e escala para tratamento

As convenções reais de prazos, frequência e número de anomalias, a fim de serem considerados gatilhos para registro, tratamento e projeto de melhoria, são customizados de acordo com o contexto de cada empresa.

RELATO DE ANOMALIA

O Relato de Anomalia é a comunicação da ocorrência de uma falha. Pode ser verbal, escrito ou realizado por qualquer meio de comunicação. Irá compor o registro do Tratamento de Falhas.

O Relato de Anomalia é composto por:

- Fato / Ocorrência (F): É a descrição do problema e dos sintomas percebidos, é o relato do que aconteceu.

- Causa (C): É a causa primária da ocorrência, não é a causa raiz. Essa causa é o sintoma e precisa de um primeiro tratamento para ser resolvida imediatamente
- Ação (A): Ações imediatas tomadas para corrigir o problema (remover o sintoma) e retornar ao desempenho padrão. Normalmente, essa ação é tomada pelo nível operacional, sendo uma ação simples, fácil e rápida.

Toda anomalia deve ser identificada e reportada.

O relato de anomalia é feito por meio de um formulário padrão que orienta o relator a dar todas as informações importantes naquela situação (fato, causa e ação).

Dessa forma, quanto mais detalhado e claro for o formulário, mais padronizada será a coleta de dados a respeito de anomalias ocorridas, contribuindo para o seu posterior tratamento.

A falta de um padrão ou ainda um padrão que não garanta o correto detalhamento do fato prejudicará a identificação das causas.

- EXEMPLO DE RELATO DE ANOMALIA INCOMPLETO: muita liberdade para o relator descrever o fato conforme julgar melhor.

COMUNICAÇÃO DE ANOMALIAS DETECTADAS	
COLABORADOR:	
DATA:	
LOCAL:	
DESCRIÇÃO DA ANOMALIA:	

Figura 45 – Relato de anomalia incompleto

- **EXEMPLO DE RELATO DE ANOMALIA COMPLETO**: garante a obtenção dos dados necessários e guia o relator quanto ao que incluir no relato.

COMUNICAÇÃO DE ANOMALIAS DETECTADAS	
Colaborador:	
Data e Hora:	Turno:
Local/Área:	
Outros envolvidos:	
DESCRIÇÃO DA ANOMALIA	
Fato ocorrido, descrição do problema e os sintomas percebidos; o que aconteceu;	
EQUIPAMENTOS E MATERIAIS ENVOLVIDOS	
Informações sobre os materiais, como estes estavam sendo utilizados; as características do local, sintomas percebidos devido à anomalia (fumaça, barulho, trinca, produtividade);	
CAUSAS PRIMÁRIAS	
O que pode ter levado à anomalia naquele momento, primeiras percepções, peculiaridades do momento;	
AÇÕES IMEDIATAS	
Como foi tratado/contido o problema no momento (remover o sintoma), ação simples, fácil e rápida para retomar o processo, quem foi responsável pela ação.	

Figura 46 – Relato de anomalia completo

ANÁLISE DE CAUSAS / DIAGRAMA DE ISHIKAWA

Uma vez que o problema é conhecido e os sintomas foram controlados, chegou a hora de entender a causa raiz.

Assim como discutido no capítulo 2, a análise de causa é feita por meio da técnica dos 5 porquês: questionar o porquê da ocorrência da anomalia e continuar questionando as respostas obtidas até encontrar a(s) causa (s) fundamental (ais).

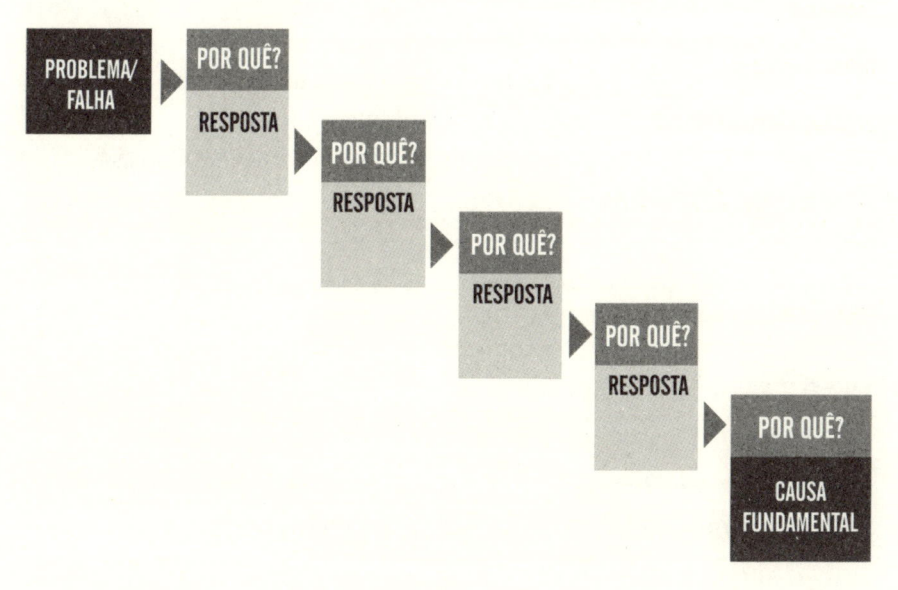

Figura 47 – Técnica dos 5 porquês

> **Problema**: o pneu do trator furou ao transportar o carroção de sucatas.
>
> - Por que o pneu furou?
>   *Devido a um corpo estranho na rua/no acesso.*
> - Por que havia um corpo estranho na rua/no acesso?
>   *Porque caiu um pedaço de metal da carga de um caminhão.*
> - Por que caiu um pedaço de metal da carga do caminhão?
>   *Porque a carroceria estava furada.*
> - Por que a carroceria estava furada?
>   *Porque não havia um padrão para carregamento e nem para inspecionar as condições da carroceria periodicamente; também faltava treinamento.* → **CAUSA FUNDAMENTAL**

Figura 48 – Identificação da Causa Raiz

DIAGRAMA DE HOSOTANI

De acordo com Hosotani (1992, p. 38), a descoberta de anomalias terá sido inútil se não gerar a adoção de contramedidas.

Hosotani (1992) descreve o tratamento de anomalias como a definição de medidas para eliminar causas fundamentais de um problema levantado e a transformação dessas medidas em ações.

É possível que existam diferentes soluções aplïcáveis, mas ações que eliminam diretamente as causas fundamentais devem ser priorizadas, pois somente elas podem evitar que o problema aconteça novamente.

Na sequência, a elaboração de um plano de ação se faz necessária e é seguida da execução das tarefas e atividades previstas nesse plano. A execução se dá por meio da comunicação do plano com as pessoas envolvidas e do constante acompanhamento dessas ações, a fim de verificar se as causas estão realmente sendo tratadas como esperado.

Ao final do desenvolvimento do plano de ação é essencial coletar dados sobre as causas antes levantadas, sobre o problema e sobre outros aspectos necessários para concluir pela efetividade ou não das contramedidas adotadas.

Hosotani (1992) destaca que os resultados devem ser medidos quantitativamente, comparados com as metas e analisados usando ferramentas da qualidade, a fim de saber se as melhorias desejadas foram ou não atingidas. Dessa forma é que se verifica assertivamente se expectativas foram atendidas, o que, segundo HOSOTANI (1992), possibilita "aumento da autoestima, crescimento pessoal e descoberta do prazer e excitação que a solução de problemas proporciona às pessoas".

Desde que as contramedidas tenham sido consideradas satisfatórias para o alcance dos objetivos, elas podem ser aplicadas com novos padrões de trabalho na organização. A padronização tem como objetivo eliminar chances de reincidência do problema, incorporar novos hábitos, sendo que não acontecerá apenas por meio de registros e documentos.

Essa etapa inclui a devida divulgação, a capacitação e o treinamento, além de medidas frequentes de acompanhamento das rotinas de trabalho.

Esse método de análise e tratamento de problemas termina com a revisão de todo o processo de solução de problemas e com a identificação de possíveis anomalias ainda existentes para serem tratadas.

A seguir, o fluxo de contramedidas para o tratamento de anomalia e prevenção da sua reincidência, de acordo com Hosotani (veja também o subcapítulo Monitoramento dos resultados e cumprimento dos padrões - DTO, anteriormente apresentado).

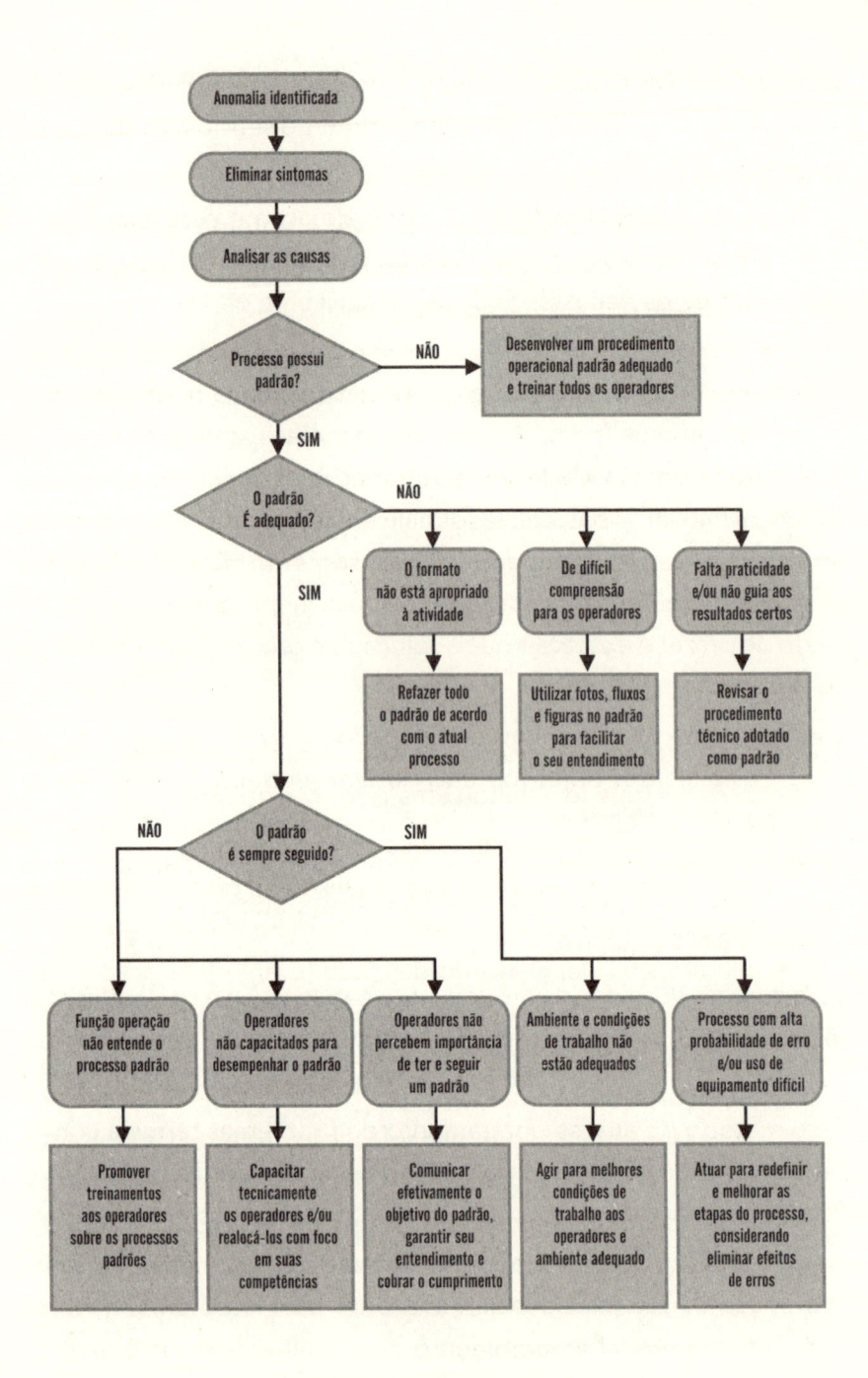

Figura 49 – Diagrama de Hosotani

DEFINIÇÃO DE AÇÕES

Existem três tipos de ações definidas no processo de anomalia:

- Ação Imediata: ação para remover o sintoma da anomalia.
- Ação Corretiva: ação para eliminar a **causa raiz** de uma anomalia ou outra situação indesejável.
- Ação Preventiva: ação para eliminar a causa de uma potencial anomalia ou outra situação potencialmente indesejável.

Todas essas ações devem ser registradas no relatório da anomalia. Ações corretivas e preventivas significam mudanças nos processos e devem ser registradas para acompanhamento da efetividade no próximo passo.

EXEMPLOS:

1. Anomalia: reclamação do cliente que adquiriu um produto, mas, dentro da embalagem, faltou uma peça importante.

- Ação imediata – enviar a peça para o cliente.
- Ação corretiva – desenvolver análise das causas, identificar causas fundamentais e definir ação para eliminar e evitar a recorrência. Dependendo da causa levantada, a ação pode ser: capacitação, melhoria da embalagem, inspeção final, criação de procedimento padrão.
- Ação preventiva – uma vez que o problema já aconteceu, a ação preventiva não tem mais função. Porém, é importante instituir a cultura de prevenção, *a fim de mitigar a ocorrência da já conhecida potencial anomalia.* ATENÇÃO: Cuidado com as atividades de inspeção, pois, normalmente, *só agregam custos. A finalidade deve ser sempre eliminar a causa fundamental do problema.*

2. Anomalia: um funcionário se acidentou durante a realização da sua atividade.

- Ação imediata – levá-lo ao hospital ou submetê-lo a outro tratamento necessário.
- Ação corretiva – atuar sobre a causa raiz: treinar os funcionários, pois eles não estavam preparados para lidar com os equipamentos de suas atividades, e garantir visitas rotineiras do engenheiro de segurança ao local.
- Ação preventiva – a anomalia já ocorreu, porém poderia ter sido evitada caso alguns hábitos corretos estivessem instituídos, como: uso de EPIs, cobrança por seguir o padrão e frequentes visitas do engenheiro de segurança ao local de trabalho.

3. Potencial anomalia: indicador de gasto com telefonia fixa com forte tendência a ultrapassar a meta estipulada na política padrão.

- Ação imediata – enviar alerta aos usuários do telefone;
- Ação corretiva – anomalia não ocorreu, já que não houve nenhum sintoma, então não há ação corretiva até o momento.
- Ação preventiva – revisar a política padrão de uso dos telefones, garantir a sua adequada divulgação para toda a empresa e acompanhar o indicador frequentemente.

4. Potencial anomalia: um funcionário percebe o alto risco de acidente com pedestres que têm que passar pelo estacionamento da empresa.

- Ação imediata – reportar o fato ao responsável e, se aplicável, interditar temporariamente o local.
- Ação corretiva – anomalia não ocorreu, já que não houve nenhum sintoma, então não há ação corretiva até o momento;
- Ação preventiva – responsável deve criar um padrão de como

estacionar os veículos, treinar fiscais para atuar no local e divulgar as regras de forma clara e acessível (placas, recursos visuais, sinalizações).

VERIFICAÇÃO DA EFICÁCIA

Após a implementação das ações, é necessário verificar se foram eficazes, ou seja, se cumpriram seu objetivo:

- Remover o sintoma;
- Evitar reincidência;
- Evitar uma potencial anomalia.

O tratamento de anomalias é encerrado quando se certifica de que as ações foram eficazes, os padrões criados/ajustados, quando necessário, e as pessoas treinadas.

As anomalias crônicas, ou também chamadas de problemas crônicos, são falhas que ocorrem diversas vezes durante um período de tempo, fazendo com que o resultado não seja mais mantido.

Isso significa que os procedimentos atuais já não produzem mais o mesmo resultado. Por isso, essas falhas devem ser detectadas e tratadas de forma mais aprofundada, com, por exemplo, um projeto de melhoria, ou seja, utilização do ciclo de PDCA. Normalmente, as anomalias crônicas são causadas por causas comuns (indicadas dentro dos limites de controle) e não causas especiais (fora dos limites de controle).

Para obter sucesso no tratamento de anomalias, é necessário:

- A área deve conhecer os seus indicadores;
- A remoção dos sintomas deve ser imediata e as anomalias serem devidamente registradas;
- O relato da anomalia deve ser completo;

- Devem ser envolvidos os operadores do local onde ocorreu a falha;
- Os indicadores devem ser monitorados constantemente pelo OFU - *operation follow up* (Entendimento da Rotina);
- As responsabilidades devem estar claras e concisas, conforme figura abaixo, preconizada por Nemoto.

FUNÇÕES		SITUAÇÃO	
		NORMAL	**OCORRÊNCIA DE ANOMALIAS**
Gerenciais	Direção ↓	← Estabelece <u>metas</u> que garantem a sobrevivência da empresa a partir do plano estratégico.	← Estabelece METAS para melhorar a "Situação Atual". ↑
	Gerencial ↓	Atinge METAS (PDCA) * Treina função supervisão.	* Elimina as anomalias crônicas atuando nas <u>causas fundamentais</u> (PDCA) * Revê periodicamente as anomalias detectando as anomalias crônicas (Análise de Pareto). * Verifica diariamente as anomalias no local de ocorrência atuando complementarmente à função supervisão. ↑
	Assessoria Técnica ↓	Ajuda a função gerencial contribuindo com <u>conhecimento técnico.</u>	↑
Operacionais	Supervisão ↓	Verifica se a função operação está cumprindo os procedimentos. *Treina a função operação.	Registra as anomalias e relata para a função gerencial as anomalias crônicas * Conduz Análise das Anomalias atacando as causas fundamentais. ↑
	Operação ↓	Cumpre os <u>Procedimentos Operacionais Padrão.</u> →	* Relata as anomalias Elimina os sintomas. → ↑

Figura 50 – Tabela de Nemoto

TIMES DE EXCELÊNCIA

TIMES DE EXCELÊNCIA

Um time de excelência é um grupo multifuncional que trabalha metodologicamente focado na solução de um problema específico. Ele tem meta e plano de voo claros, devendo ser estabelecido quando for necessário empregar maior energia do que a utilizada na rotina para capturar oportunidades, bem como resolver problemas crônicos:

OPORTUNIDADES	DESCRIÇÃO	EXEMPLO
GARGALO CRÔNICO	Quando os macroprocessos da cadeia de valor possuem capacidade suficiente de produção, porém, um deles não consegue, de forma recorrente, entregar o volume requerido.	**Indústria de Vestuário** *Capacidade diária (peças)* 40 39 38 40 CRIAÇÃO — MODE-LAGEM — CORTE ✖ COSTURA 40 37 31 ! 31* *Performance diária (peças)*
PERFORMANCE DISTANTE DA META	Mesmo que haja um gargalo mais evidente ao longo da cadeia de valor, outros processos também não conseguem entregar no nível demandado das vendas.	**Área Comercial** *Capacidade (unidade)* 2300 2200 2500 VENDA ✖ ENTREGA ✖ ASSISTÊNCIA *Meta: 2100* 1700 ! 1600 ! 1600 *Performance (unidade)*
INDICADOR DE QUALIDADE MUITO FORA DAS ESPECIFICAÇÕES	Algumas vezes o nível de avarias/defeitos/falhas no processo encontra-se aceitável, porém, algum parâmetro de qualidade está constantemente fora das especificações	**Controle de Avaria Internas do Armazém**
ANSEIOS DA LIDERANÇA	Um direcionamento da liderança por Equipe de Alta Performance pode acontecer por questões estratégicas.	**Equipe de Segurança**
OUTROS	Quando, por meio de análises, identifica-se uma boa oportunidade de ganho (principalmente financeiro), porém o tratamento de causas para cobri-la é complexo.	**Custo de pneu por tonelada transportada**

Figura 51 – Implementação dos times de excelência

A formação desses times possibilita a rápida e eficaz absorção da metodologia de gestão pelos membros que compõem a equipe, tornando-os multiplicadores de gestão. Além disso, promove maior dedicação às análises, dá visibilidade ao trabalho e incentiva "sair da caixa".

A escolha dos recursos para formar um time de alta performance deve considerar os três componentes do triângulo de excelência: Liderança, Conhecimento e Método (página 86).

Essas equipes trabalham na base do sistema de gestão e têm como características:

- Seus membros são definidos junto ao *sponsor* (liderança máxima do processo em questão);
- São times multifuncionais, ou seja, envolvem membros de todas as áreas relacionadas;
- Envolvem membros de todos os níveis hierárquicos;
- Possuem uma meta (técnica e financeira) bem definida, data para começar e data para terminar.

Abaixo, listamos algumas ferramentas utilizadas na formação e acompanhamento de times de excelência.

- Método: PDCA.
- Folha de Projeto: Acordo da meta, impacto financeiro esperado, pessoas que irão compor a equipe de trabalho e tempo de dedicação de cada membro da equipe. A assinatura do *sponsor*, líder e *controller* na folha de projeto indicam a aprovação formal do gestor.

TIME DE EXCELÊNCIA

NOME DO TIME
Tropa da Economia

OBJETIVO

Reduzir o consumo de gás da planta da França de 9,75 para 6,77 m³/tonelada até 31 de dezembro de 2015

Indicador	Consumo de gás por tonelada produzida de catodo	
	VALOR	**PERÍODO**
Referência	9,75 m3/ton	Outubro a Dezembro/2014
Meta	6,77 m3/ton	Dezembro YTD / 2015
Oportunidade	5,28 m3/ton	*Benchmark* interno 2013
Impacto Financeiro	0,4 MEUR Premissas: Custo do Gás (26,00EUR/MWh), PCs (10,04), Coeficiente de correção (4,32 Nm2/m3)	

TIME

Sponsor	Didier D.	
Líder	Stephane D.	
Membros	**NOME**	**FUNÇÃO e DEDICAÇÃO (%)**
	Laurent V.	Conhecimento Eletrólises (15%)
	Célia M.	Conhecimento Tecnologia (5%)
	...	...
	Bruno D.	Método de Gestão

APROVAÇÃO DO PROJETO

_____
SPONSOR

_____
LÍDER

_____
CONTROLLER

Figura 52 – Folha de Projeto

- *Scorekeeping*: Ferramenta para consolidação e acompanhamento do resultado e planos de ação e da evolução dos times.

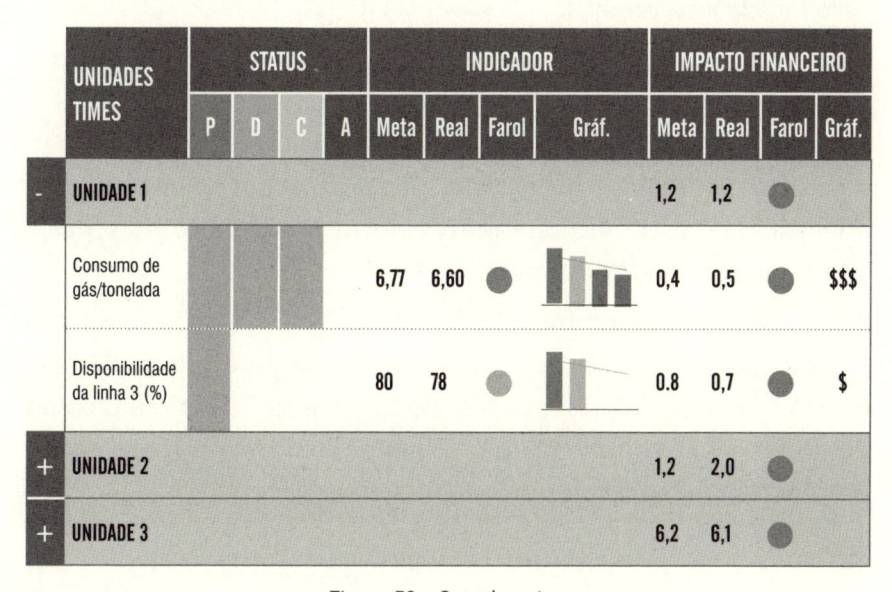

UNIDADES TIMES	STATUS				INDICADOR				IMPACTO FINANCEIRO			
	P	D	C	A	Meta	Real	Farol	Gráf.	Meta	Real	Farol	Gráf.
– UNIDADE 1									1,2	1,2	●	
Consumo de gás/tonelada					6,77	6,60	●		0,4	0,5	●	$$$
Disponibilidade da linha 3 (%)					80	78	●		0.8	0,7	●	$
+ UNIDADE 2									1,2	2,0	●	
+ UNIDADE 3									6,2	6,1	●	

Figura 53 – Scorekeeping

RELATÓRIO DE UMA PÁGINA – *ONE PAGE REPORT* (OPR)

O Relatório de uma página (OPR – *one page report*), ferramenta de acompanhamento utilizada durante os Rituais Mensais, deve ser capaz de apresentar, em uma página, os resultados das metas, *status* dos planos de ação e contramedidas para reverter os resultados indesejados.

Assim, é correto dizer que esse é um relatório de gestão sumário, contendo quatro principais pontos: ações do planejamento, aquelas que foram concluídas, resultados obtidos e quais serão os próximos passos, considerando um determinado período de tempo, aí incluídos eventuais tratamentos de anomalias.

O seu objetivo é funcionar como um mapa estratégico, que confere ao gestor a habilidade de tomar decisões sobre diversos assuntos de forma muito produtiva: por meio de gráficos e dados organizados para rápida interpretação.

Vale ressaltar que, como o relatório só ocupa uma página, o responsável por sua elaboração deve ser capaz de elencar o que é informação importante e o que não é de essencial necessidade. O foco é garantir o adequado acompanhamento do *status* de um trabalho, o levantamento correto de pontos críticos e a atuação no sentido do adequado alcance da meta.

A organização do pensamento em torno de assuntos chave auxilia na elaboração do relatório: objetividade, **cronograma**, disponibilidade e uso de recursos, as principais entregas, avanços do projeto como um todo, relação custo *versus* orçamento, indicadores mensuráveis de processos e *status* dos prazos.

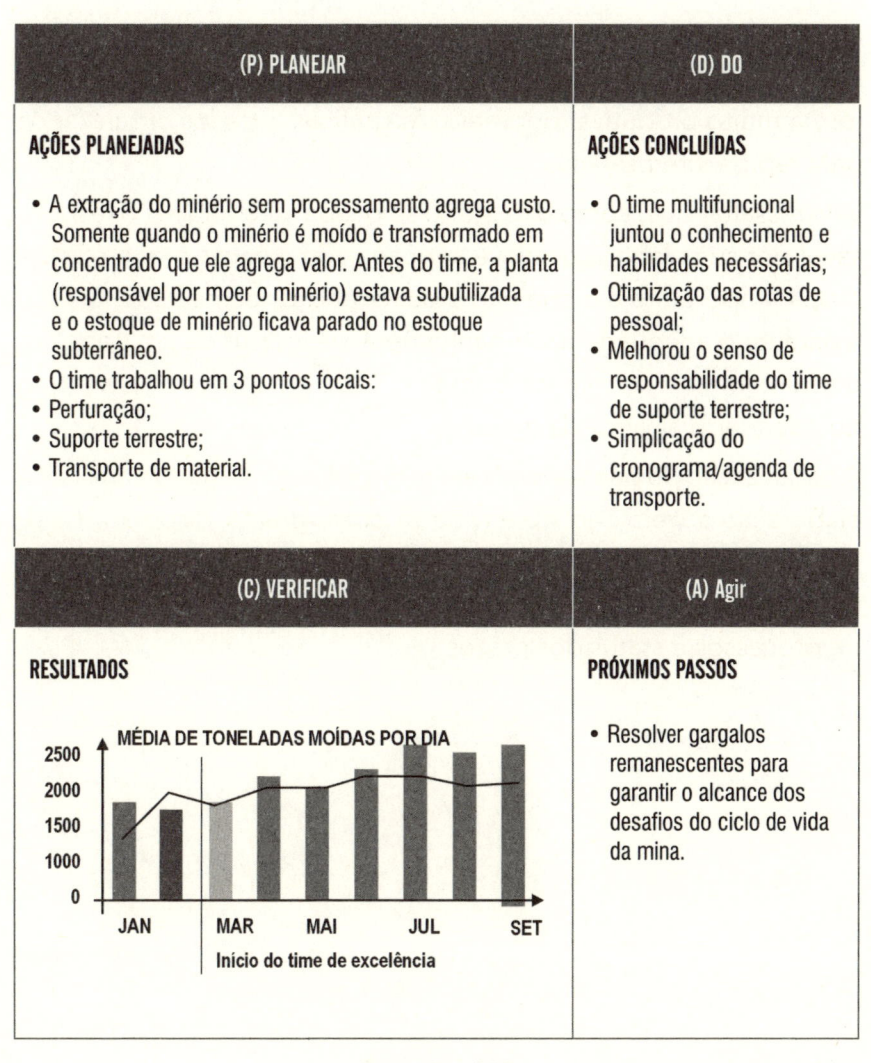

(P) PLANEJAR	(D) DO
AÇÕES PLANEJADAS	**AÇÕES CONCLUÍDAS**
• A extração do minério sem processamento agrega custo. Somente quando o minério é moído e transformado em concentrado que ele agrega valor. Antes do time, a planta (responsável por moer o minério) estava subutilizada e o estoque de minério ficava parado no estoque subterrâneo. • O time trabalhou em 3 pontos focais: • Perfuração; • Suporte terrestre; • Transporte de material.	• O time multifuncional juntou o conhecimento e habilidades necessárias; • Otimização das rotas de pessoal; • Melhorou o senso de responsabilidade do time de suporte terrestre; • Simplicação do cronograma/agenda de transporte.
(C) VERIFICAR	(A) Agir
RESULTADOS MÉDIA DE TONELADAS MOÍDAS POR DIA 2500 2000 1500 1000 0 JAN MAR MAI JUL SET Início do time de excelência	**PRÓXIMOS PASSOS** • Resolver gargalos remanescentes para garantir o alcance dos desafios do ciclo de vida da mina.

Figura 54 – OPR

As equipes buscam inovação e melhoria, identificam a necessidade de elaboração ou revisão dos padrões e treinamentos; fazem análises dos desvios e identificação das causas; propõem, implementam e acompanham as ações e são uma importante iniciativa para se implementar a cultura de gestão nas empresas.

APLICAÇÃO PRÁTICA
FAIXA BRANCA

APLICAÇÃO PRÁTICA
FAIXA BRANCA

Com o objetivo de contextualizar melhor o método de gestão, apresentaremos a seguir a aplicação prática do método em um caso real.

Para que se obtenham resultados significativos, o método PDCA deve ser aplicado em sua totalidade e, como primeiro passo, deve-se entender o negócio e percorrer os processos em busca de sintomas que apontem para possíveis focos de oportunidades.

O diagnóstico inicial da situação da empresa foi realizado por meio de entrevistas presenciais e *online* dos colaboradores, visitas em campo e análises dos dados disponíveis, a fim de levantar todas as oportunidades de gestão e financeiras.

Ao final do diagnóstico, algumas evidências foram levantadas:

- A empresa não possuía rotinas e padrões estabelecidos;
- A empresa não trabalhava com metas e indicadores;
- Os gestores desconheciam o resultado financeiro das suas áreas;
- A empresa não possuía sistemática de acompanhamento dos resultados;
- A empresa não possuía planos de ação estruturados;

- Muitas vezes as informações disponibilizadas pelos sistemas eram inconsistentes ou demoravam muito para serem obtidas.

Por esse motivo, a empresa foi classificada como uma empresa **Faixa Branca** em maturidade de gestão (as faixas de gestão serão apresentadas na "Conclusão").

Posteriormente, passou-se para a etapa do planejamento, na qual as oportunidades que foram levantadas no diagnóstico foram exploradas e divididas em desafios menores, para, assim, capturá-las sabendo ao certo onde agir. Ou seja, foram realizadas a estratificação e a organização das informações por tema.

A ferramenta utilizada nesse caso, para estratificação da variável macro, foi o diagrama de árvore.

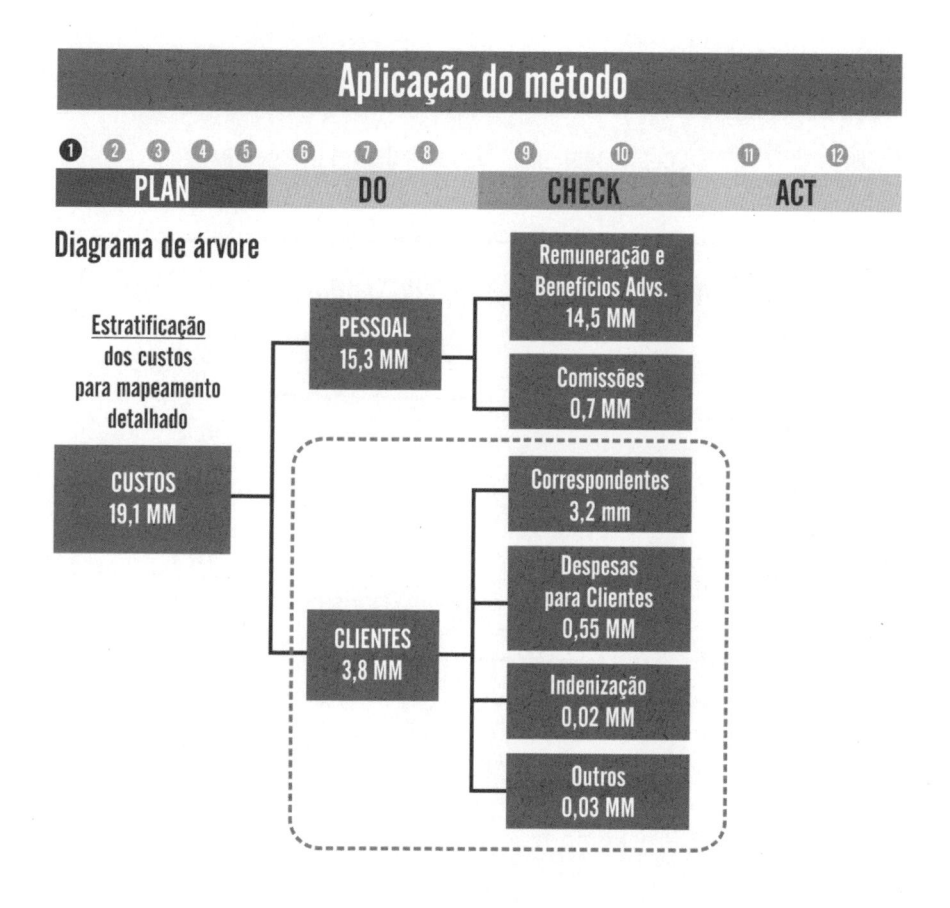

Por meio dessa análise, foi possível identificar a relação entre variáveis, definir uma estratégia de abordagem e dar uma visão da estrutura a ser trabalhada. A atuação priorizada foi sobre o custo com clientes e suas ramificações, excluindo o custo direto com pessoas.

Dando continuidade à exploração da oportunidade, a utilização do Diagrama de Pareto auxiliou a **priorizar a variável do custo com clientes.** De acordo com o Pareto, a conta com Correspondentes representava 84% do custo total com Clientes.

Houve priorização da conta com maior impacto dentro dos custos

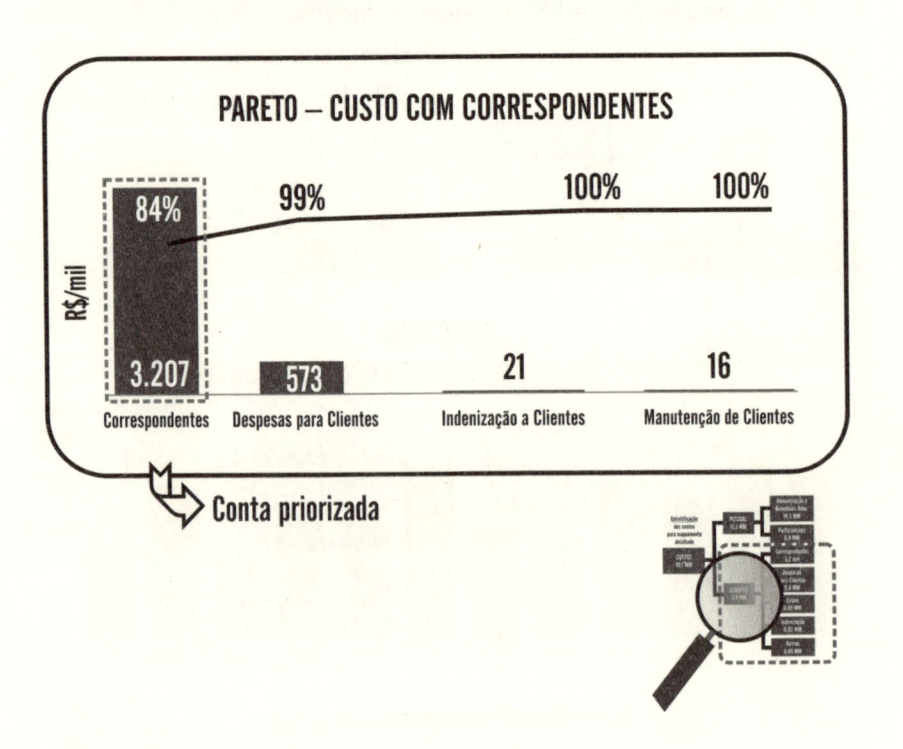

PARETO – CUSTO COM CORRESPONDENTES

Conta priorizada

A identificação da oportunidade foi finalizada com o entendimento do comportamento que a conta de correspondentes, tão representativa, teve nos últimos 12 meses. Para tanto, utilizou-se a análise de *benchmark* histórico. *Se já alcançamos uma melhor marca no passado, por exemplo, por que não poderíamos repeti-la?*

Para tornar viável a comparação, o indicador definido para realizar a análise foi o "custo com correspondente por receita bruta".

Resumidamente, essa análise histórica consistiu em:

1. Definir "o que" comparar;
2. Definir os parâmetros adequados;
3. Garantir que a comparação é mesmo válida;
4. Coletar e garantir confiabilidade dos dados;
5. Produzir informação útil dos dados coletados (Análises).

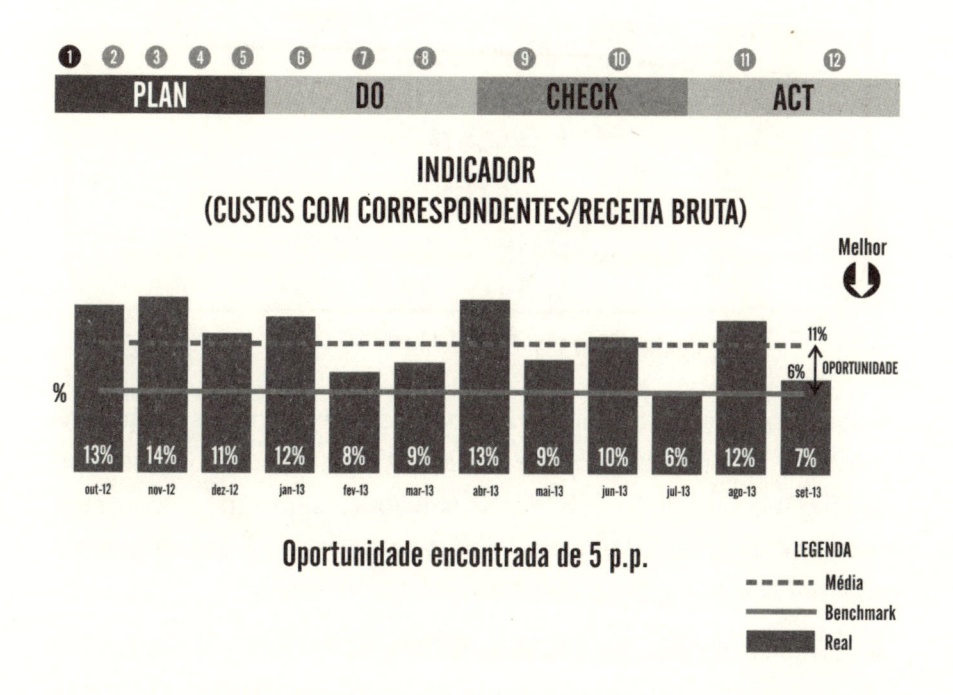

Foi observada uma alta variabilidade no resultado, sendo um indício de oportunidade, visto que a conta compreende processos jurídicos de menor complexidade e contratos fixos de massa.

De forma a estratificar ainda mais a oportunidade, foi realizada a análise de benchmark interno, a qual visou comparar os correspondentes por região geográfica (cidade) e por tipo de diligência.

Primeiramente, fez-se a comparação da diligência "protocolo", na cidade de Belo Horizonte/MG. Conforme o gráfico abaixo, foi possível verificar uma diferença no preço unitário cobrado por dois correspondentes contratados pela empresa. Enquanto o correspondente X cobrava R$ 180,00 para realizar um protocolo na cidade de Belo Horizonte, o Y cobrava R$ 70,00, evidenciando, assim, uma oportunidade de R$ 110.

ANÁLISE COMPARATIVA: BENCHMARK INTERNO

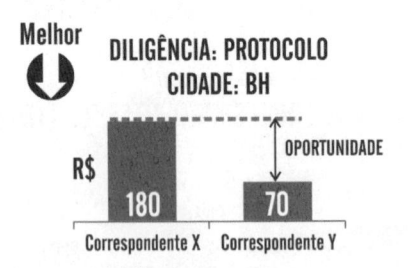

Posteriormente, essa análise foi expandida para todas as diligências "protocolo" contratadas no ano de 2013. O gasto anual com esse tipo de diligência foi de R$ 823 Mil. Se considerássemos o menor preço pago por "protocolo" em cada uma das cidades do Brasil, teríamos o valor para essa diligência de R$609 Mil. Dessa forma, a oportunidade total seria de R$ 214 Mil no ano, conforme gráfico abaixo.

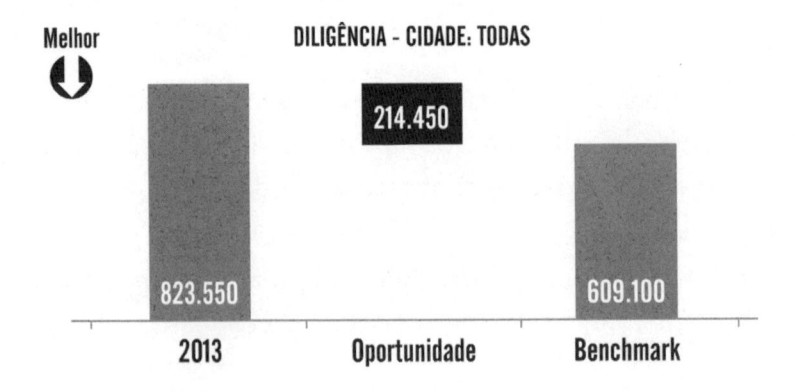

Vale frisar que, nessa análise, só podemos comparar correspondentes da mesma cidade. Assim, se em alguma cidade não houver divergência de preços entre os correspondentes ou se apenas um correspondente foi contratado, não haverá oportunidade mapeada.

Por fim, realizando essa mesma análise para todas as 42 diligências contratadas pela empresa e considerando como benchmark o menor preço pago para cada diligência por cidade, foi possível encontrar uma oportunidade total anual de R$ 1,1 MM na conta de correspondentes.

Para capturar uma oportunidade, após o término da análise de fatos e dados, foi necessário explorar o motivo pelo qual o resultado não desejado aconteceu, bem como buscar sintomas e causas que bloquearam o seu alcance. As ferramentas "diagrama de Ishikawa" e os "5 Porquês" permitiram a visualização dos principais bloqueios no alcance do resultado.

O *brainstorming* promoveu o levantamento de causas sugeridas pela equipe envolvida e estas foram organizadas no diagrama de causa e efeito. As causas primárias, secundárias e quantas fossem necessárias foram pontuadas até culminarem em uma causa raiz.

Diagrama de Ishikawa

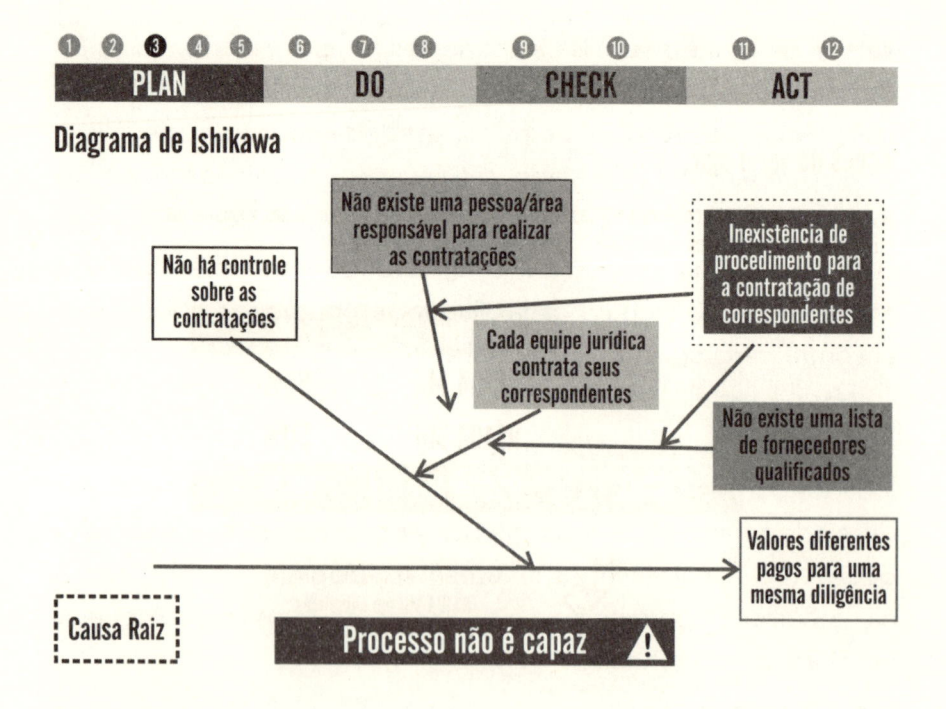

Chegou-se à conclusão de que a inexistência de procedimento para a contratação de correspondentes era a causa fundamental do problema.

A falta de um padrão caracterizou o processo como não capaz e foi seguida da construção de um plano de ação para atacar essa causa.

Além disso, algumas vezes foi importante estancar sintomas imediatos até que o plano de ação fosse cumprido e a causa fundamental eliminada. Com relação ao gasto com correspondentes, foi necessário aplicar uma ação Ver e Agir, qual seja, a restituição de multas cobradas indevidamente pelos correspondentes.

"A partir das ações Ver e Agir foi possível conquistar os primeiros resultados que motivaram a equipe na continuidade do trabalho e aliviaram a pressão que normalmente existe na fase de planejamento".

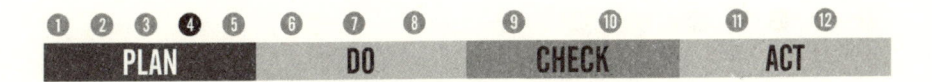

Ações de ver e agir

Alguns correspondentes cobravam multas de até 100% do preço da diligência nos casos de atraso na entrega de documentos

	Multas	%
DEVIDAS	R$104 Mil	50%
INDEVIDAS	R$104 Mil	50%
TOTAL	R$208 Mil	100%

 Restituição de aproximadamente R$104 Mil em cobranças de multas indevidas

Para o plano de ação que atacou a causa fundamental, foi essencial estabelecer uma meta, lembrando que META = OBJETIVO + VALOR + PRAZO. Com base nas análises desenvolvidas, a equipe definiu que o indicador de custos com os correspondentes por receita bruta não poderia ultrapassar 7% até o final do exercício.

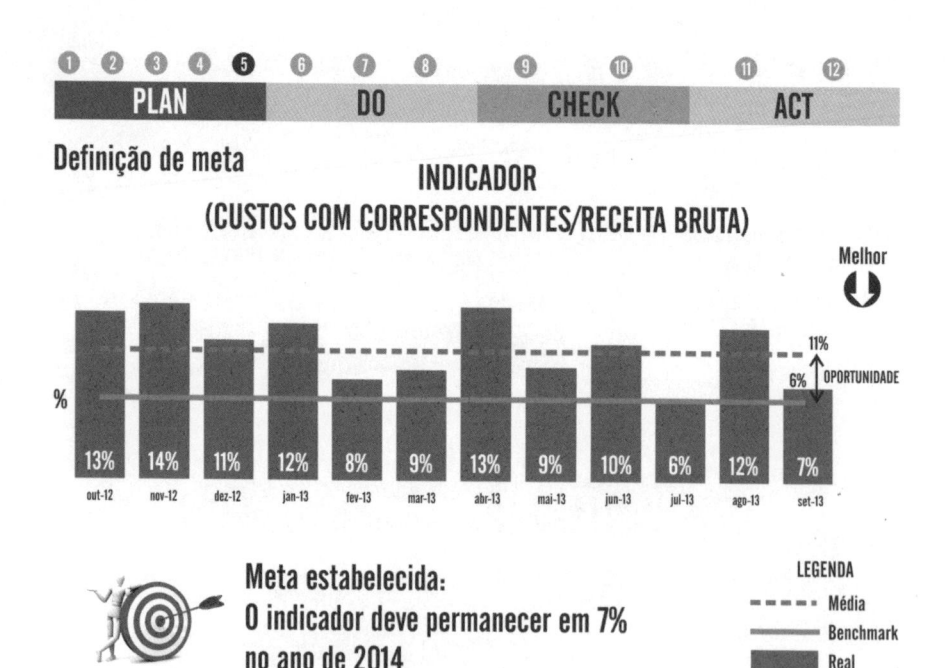

Definição de meta

INDICADOR
(CUSTOS COM CORRESPONDENTES/RECEITA BRUTA)

out-12	nov-12	dez-12	jan-13	fev-13	mar-13	abr-13	mai-13	jun-13	jul-13	ago-13	set-13
13%	14%	11%	12%	8%	9%	13%	9%	10%	6%	12%	7%

Meta estabelecida:
O indicador deve permanecer em 7% no ano de 2014

LEGENDA
- ----- Média
- —— Benchmark
- ▇ Real

A falta de procedimento padrão para a contratação de correspondentes foi a causa raiz para o resultado não desejado. Logo, pelo menos uma ação teve que ser criada com o objetivo de bloquear essa causa. Sendo assim, o bloqueio efetivo significou a criação de um novo procedimento e sua implementação na empresa. A ferramenta utilizada para construir o plano de ação foi o 5W1H.

Plano de ação

PLANO DE AÇÃO					
PORQUE	**O QUE**	**QUEM**	**COMO**	**ONDE**	**QUANDO**
Inexistência de procedimento para a contratação de correspondentes	Elaborar Procedimento padrão para a contratação dos correspondentes	João Silva	Definindo um responsável para realizar as contratações	Back Office	15/03/2014
			Definindo o fluxo para as contratações de correpondentes		30/04/2014
			Criando lista de correspondentes qualificados		
			Treinando envolvidos		31/05/2014

Finalizada a construção do plano e a devida análise de consistência do plano, a equipe deu início à execução de fato. *"A fase de planejamento só terminou quando conseguimos ter ações Ver e Agir somadas a um bom plano de ação"*. A equipe entendeu, executou e cobrou as ações, além de garantir que validações e treinamentos necessários fossem feitos com as pessoas envolvidas/afetadas no processo alterado.

O próximo passo consistiu na "Gestão à vista", que aconteceu paralelamente à execução do plano. As iniciativas em torno da Gestão à Vista promoveram:

1. A cultura de acompanhamento e transparência de resultados;
2. Aceleração da comunicação entre mais pessoas da empresa;
3. Destaque das metas;
4. Alinhamento dos comportamentos.

O quadro de Gestão à vista elaborado possuía gráfico e esquema para interpretação visual dos dados.

No Ritual de Gestão, por sua vez, eram feitos, por meio do OPR, o acompanhamento mensal dos resultados e das ações do plano. O objetivo era garantir que a criação do procedimento padrão de contratação estivesse no caminho esperado com relação aos parâmetros de prazo, custos, recursos e conclusão de ações.

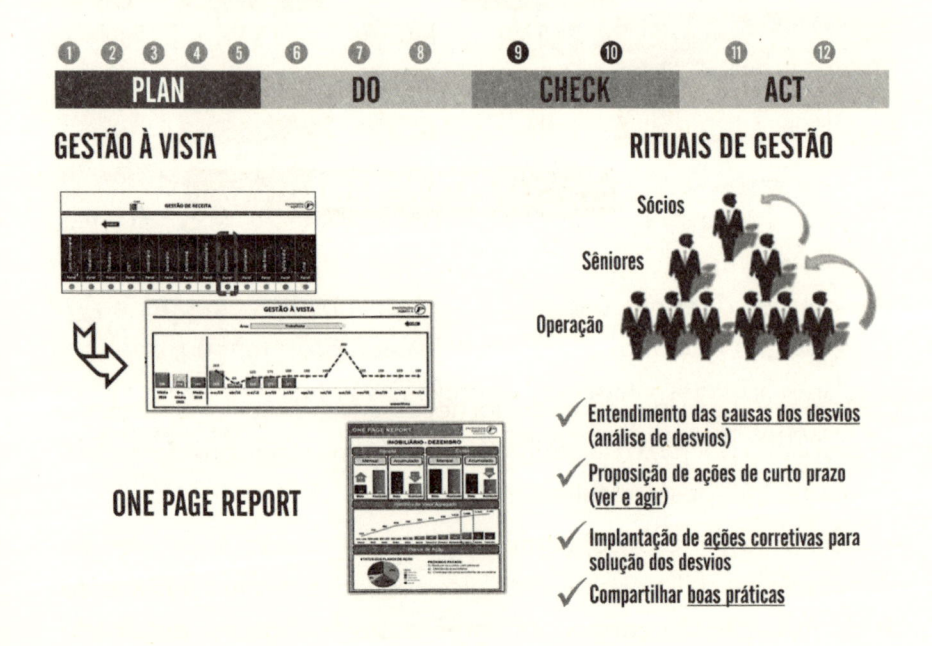

O *one page report* elaborado referente ao período de tempo do início da execução até a data do Ritual reunia informações de ações planejadas, avanço no cronograma, resultados obtidos e próximos passos.

As análises do gestor quanto aos resultados demonstrados levavam sempre em consideração o caminho necessário para alcance da meta, possibilitando, assim, o julgamento como em conformidade ou não.

Ao final do período de um ano, com a conclusão do plano de ação elaborado, a meta de gasto com correspondentes por receita bruta da empresa foi alcançada, o que resultou na redução de 4 p.p. no indicador, de um ano para outro.

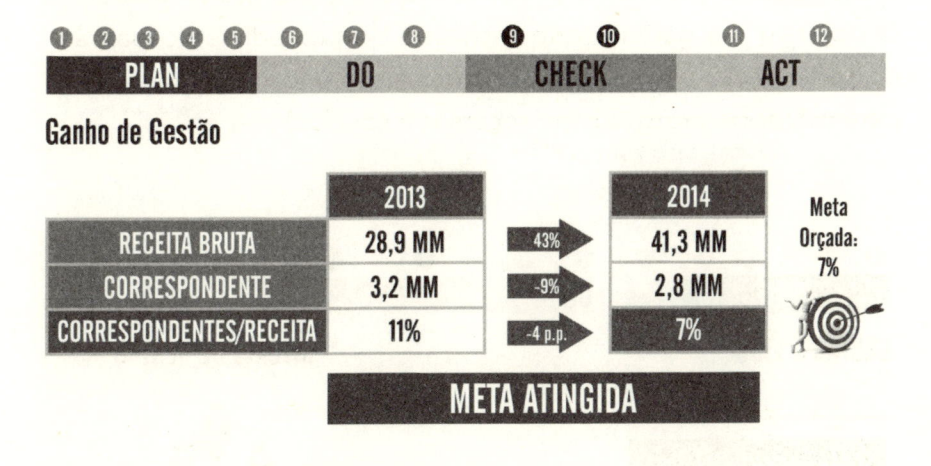

Como o resultado foi alcançado, foi necessário prevenir a reincidência do problema por meio da padronização de uma rotina que garantisse a manutenção desse resultado.

A criação de um procedimento operacional padrão a ser seguido contemplou a definição de um único responsável para o processo de contratação de correspondentes e um fluxograma detalhado de atividades, pontos de decisão e áreas envolvidas, garantindo a sustentabilidade do resultado. Ao final, o POP foi devidamente divulgado pela empresa e todos os funcionários envolvidos com esse procedimento foram treinados.

Padronização

FLUXO DE CONTRATAÇÃO DE CORRESPONDENTES

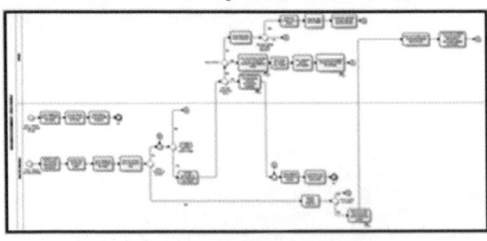

POP PARA CONTRATAR CORRESPONDENTES

✓ Responsável pelas contratações definido
✓ Fluxo criado e envolvidos treinados

CONCLUSÃO

CONCLUSÃO

Não se faz um trabalho com grandes resultados se não estivermos preparados para isso. É necessária muita dedicação, mas principalmente estudo, porque "o conhecimento não ocupa lugar", mas leva-nos a descobrir os diamantes entre as pedras, a alcançar o topo e o sucesso almejado.

Hoje, as exigências são cada vez maiores no mundo dos negócios. Não existe a possibilidade de aguardar o momento certo, torna-se necessário antecipar os tempos e, para isso, formar gestores com conhecimento é o caminho, um caminho imprescindível. Capacitar pessoas é a certeza do investimento correto. Trabalhar em uma boa equipe facilita muito o alcance de um maior nível de produtividade e competitividade, os quais, se desenvolvidos em conjunto, levam a organização a um alto padrão de excelência, produzindo grandes vantagens competitivas.

Aumentar a distância entre sua organização e seus concorrentes é o objetivo estratégico a ser perseguido. Em mercados exigentes e concorridos, não basta ser competitivo, é preciso criar vantagens competitivas. Por essa razão, uma equipe operacional bem formada é a chave "mestra" do sucesso.

Para formar gestores, o melhor Método é o PDCA. Por isso, trabalhamos com esmero na produção deste livro. Quando se desenvolve o hábito de planejar todos os passos com disciplina, a capacidade analítica de um gestor se destaca a cada utilização, sendo notável a diferença entre os gestores que praticam o método e aqueles que improvisam.

O MÉTODO PDCA

Os 12 pontos que compõem o ciclo PDCA foram objetos de estudos em diversas culturas, de vários países em que o Aquila trabalhou ao longo dos últimos anos.

Essa sequência de 12 pontos precisa ser trabalhada conforme descrito no livro. Só se deve passar para o ponto seguinte tendo-se exaurido o ponto anterior.

No Brasil, por uma questão cultural, é comum que os gestores passem de forma superficial pelos pontos do PDCA, advindo daí a errada conclusão de que "o método não funciona".

Devemos lembrar do PDCA não como uma figura, mas como um vinho que, à medida que o tempo passa, se bem guardado na adega apropriada, na temperatura correta e no tempo prescrito, envelhece e fica melhor.

O PDCA é o mesmo desde a década de 50. No entanto, a sua prática deve ser atualizada constantemente em razão dos processos e novas tecnologias.

Nos próximos anos, a etapa de planejamento, provavelmente, será alterada em função das novas ferramentas e técnicas. A execução será alterada de acordo com o aprimoramento dos processos e inovações tecnológicas.

Por sua vez, o ritual de gestão, que é o momento nobre da organização/instituição, continuará sendo executado com disciplina e constância, e o padrão operacional deve ser constantemente atualizado, de maneira que todos possam entendê-lo e praticá-lo.

Apesar da existência de outros métodos de análise e solução de problemas, a opção do Aquila é a utilização do PDCA, pois, na nossa visão, ele é o mais completo e aquele que cria um círculo virtuoso de crescimento de uma instituição, mesmo porque outros derivam-se do

PDCA, ou guardam extrema aderência aos seus requisitos, conforme constatamos na figura abaixo:

PDCA	DMAIC	A3	8D/PSP
PLAN (Planejar)	Define (Definir)	Entender o problema	1. Criar um time & coletar informações 2. Descrever o problema
	Measure (Mensurar)	Desdobrar o problema	
		Definir uma meta	3. Definir ações de contenção
	Analyse (Analisar)	Analisar as causas raiz	4. Analisar as causas raiz
		Implementar contramedidas	5. Definir possíveis ações de correção
DO (Executar)	Improve (Melhorar)	Verificar contramedidas	6. Implementar ações de correção
CHECK (Verificar)	Control (Controlar)	Avaliar os Resultados & Processos	7. Definir ações para evitar recorrências 8. Parabenizar a equipe
ACT (Atuar)		Padronizar	

Independente da preferência, o importante é que a instituição tenha um método e adote, com disciplina, a sua implementação. Por que isso é essencial? Uma instituição é composta por pessoas com diversos modelos mentais, e não possuir um método de gestão dificulta o alcance de resultados que a levem para um patamar de excelência.

Um dos pontos que impede ou dificulta a aplicação do método, é a maturidade de gestão da empresa. Todas as instituições querem ter recursos humanos talentosos e com alta produtividade. Ou seja, resultados contínuos e excelentes.

Porém, o mundo é dinâmico e a alteração em processos (internos e externos) pode interferir positiva ou negativamente nos negócios, ocasionando grandes perdas ou pouca capacidade de implantar as oportunidades. Por isso, em função dessas alterações de cenários, é importante praticar constantemente a gestão dentro das organizações, buscando alcançar, sempre, um nível maior de maturidade. Não resolvemos problemas novos com soluções velhas. Novas situações podem exigir novos conhecimentos, por essa razão problemas dinâmicos exigem uma estrutura dinâmica.

Abaixo descrevemos, com detalhes, os níveis de maturidade de gestão.

A MATURIDADE EM GESTÃO

Mesmo utilizando um bom sistema de gestão, uma empresa somente conseguirá bons resultados se as suas áreas de negócio tiverem uma boa maturidade em gestão. Ao longo de suas existências, as organizações crescem e a tendência, desde que puxados por uma forte liderança, é evoluir na sua maturidade de gestão.

No Aquila, classificamos as empresas em 5 níveis de maturidade em gestão. Na gestão, assim como nas artes marciais, é necessário ir desenvolvendo as habilidades e criando estruturas firmes para conseguir seguir para o próximo nível.

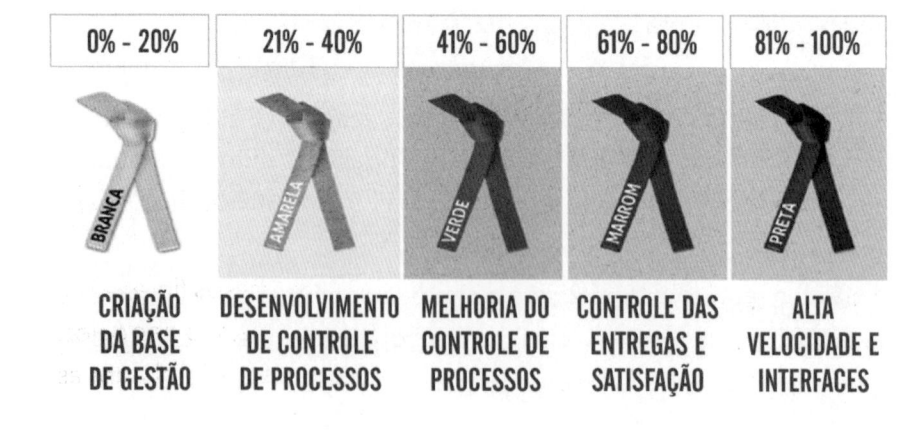

0% - 20%	21% - 40%	41% - 60%	61% - 80%	81% - 100%
BRANCA	AMARELA	VERDE	MARROM	PRETA
CRIAÇÃO DA BASE DE GESTÃO	DESENVOLVIMENTO DE CONTROLE DE PROCESSOS	MELHORIA DO CONTROLE DE PROCESSOS	CONTROLE DAS ENTREGAS E SATISFAÇÃO	ALTA VELOCIDADE E INTERFACES

- Na faixa branca, a empresa cria uma base em gestão focada em resultados com metas, indicadores e planos de ação. É a primeira etapa a ser cumprida.
- Na faixa amarela, a empresa desenvolve o controle básico dos seus processos e garante a rotina de acompanhamento diário, semanal e mensal dos resultados.
- Na faixa verde, a empresa consegue dominar as interfuncionalidades do processo. Os processos críticos são controlados estatisticamente por meio do CEP – Controle Estatístico de Processo - e suas cartas de controle.
- Na faixa marrom, o foco é controle da satisfação dos clientes. A partir da faixa marrom a visão para fora da empresa se torna mais importante.
- Na faixa preta, a empresa possui alta velocidade, ou seja, ela tem um sistema de gestão tão organizado que é capaz de responder a mudanças de maneira ágil. O gerenciamento interfuncional garante a integração completa entre os processos (Operação e Corporativo) e a capacidade de adaptar-se. Para cada real faturado, a empresa sabe exatamente qual será o resultado final obtido.

Concluindo, a maturidade traduz a capacidade de melhorar e manter resultados de uma empresa, devendo ser perseguida constantemente pela liderança, pois reflete o quão próximo estamos da Qualidade Total.

Para finalizar, após avaliarmos todas as transformações que uma organização pode enfrentar, precisamos sempre diagnosticar a maturidade de gestão da equipe e aplicar o PDCA. A arte de executar os conceitos práticos do método, descritos neste livro, permite à organização o aprimoramento da capacidade de antecipar os momentos difíceis ou atrativos, ou, caso contrário, sofrer as consequências e ficar a mercê do improviso e da expectativa de que tudo vai melhorar. Afinal, quem não planeja é planejado.

Para que os "milagres" aconteçam é preciso gestão, muito trabalho e grande dedicação. Nenhum jardim floresce sozinho, sem adubo e cuidado diário. Nenhuma empresa sobrevive de improvisação e boas intenções, mas sim de gestão e da extrema capacidade e maturidade para desenvolvê-la. O PDCA abre portas, ultrapassa barreiras e nos leva a grandes realizações e, sobretudo, à conquista do melhor de nós mesmos!

Desejamos uma prazerosa jornada em busca do conhecimento!

APÊNDICE

REFERÊNCIAS BIBLIOGRÁFICAS

Livros

- BARROS, Erico Costa; DREON, Fernanda Righi; COSTA, Luíza Ferreira. **Análise financeira**: enfoque empresarial. Belo Horizonte: Libretteria, 2016. 162p.

- BLANCHARD, Ken; ZIGARMI, Patricia; ZIGARMI, Drea. **Leadership & the one minute manager**: increasing effectiveness through situational leadershop II. HarperCollins, 2000. ISBN 978-0-00-710341-6

- COUTINHO, Carlos Bottrel. **A gestão no Brasil**: história do movimento que ajudou a mudar o País: uma saga de Minas Gerais. Belo Horizonte: 3i, 2013. 264p. ISBN 978-85-66115-15-4

- DEFEO, Joseph A. **Juran's quality Handbook**: the complete guide to performance excellence. 7th ed. McGraw-Hill Education, 2016. ISBN: 9781259643613

- GODOY, Raimundo. **Como gerenciar e enfrentar desafios**. Belo Horizonte: Libretteria, 2017. 101p. ISBN 978-85-69922-02-5

- GODOY, Maria Helena Pádua Coelho De. **Brainstorming**: como atingir metas. Belo Horizonte: INDG, 2004.

- JURAN, Joseph; GODFREY, A. Blanton. **Juran's quality handbook**. 5th ed. McGraw-Hill Professional, 1998. ISBN 0-07-034003-X

- LENCIONI, Patrick. **Os 5 desafios das equipes**: uma história sobre liderança. São Paulo: Sextante, 2015. ISBN 9788543102948

- MANSIR, Brian E. **Total quality management**: a guide to implementation. PN, 1989.

- OAKLAND, John. **Statistical process control**. 6th ed. Routledge, 2007. ISBN 978-0-7506-6962-7

- OMACHONU, Vincent K.; ROSS, Joel. **Principles of total quality**. 3th ed. CRC Press, 2004. ISBN 0-203-99813-8

- PASTORE, José. **Antônio Ermírio de Moraes**: memórias de um diário confidencial. São Paulo: Planeta, 2013.

- SAYER, Natalie J.; WILLIAMS, Bruce. **Lean for dummies**. 2nd ed. For Dummies, 2012. ISBN 978-1-118-11756-9

- SINEK, Simon. **Start with why**: how great leaders inspire everyone to take action. Portfolio, 2011. ISBN 978-1-59184-644-4

- SLACK, Nigel; BRANDON-JONES, Alistair; JOHNSTON, Robert. **Operations management**. 7th ed. Pearson, 2014. ISBN 978-0-273-77620-8

Online

- LAVINSKY, Dave. **Pareto principle**: how to use it to dramatically grow your business. Disponível em: < https://goo.gl/EWYSgY >. Acesso em: 27 fev. 2018.

- **Some clues about "The forgotten principle"**: is it related to PDSA/PDCA translation? Disponível em: < https://goo.gl/LJd8nd >. Acesso em: 27 fev. 2018.

- **Jorge Paulo Lemman**: investor, Philanthropist. Disponível em: < https://goo.gl/i8YXCW >. Acesso em: 27 fev. 2018.

- **About Peter F. Drucker.** Disponível em: < https://goo.gl/G6rBuB >. Acesso em: 27 fev. 2018.

- FERRARO, Antonio. **SDCA Cycle for LEAN.** Disponível em: < https://goo.gl/BvYquB >. Acesso em: 27 fev. 2018.

- **Sobrevivência das empresas no Brasil**. Disponível em: < https://goo.gl/WfA3Ry >. Acesso em: 27 fev. 2018.

- **Sir Winston Churchill**: conservative 1951 to 1955, 1940 to 1945. Disponível em: < https://goo.gl/cHQ3pm >. Acesso em: 27 fev. 2018.

PDCA
MÉTODO DE OBTENÇÃO DE RESULTADOS

PLAN PLANEJAR				
1	LOCALIZAR OPORTUNIDADES	**QUAL** O PROBLEMA?	ANÁLISE DE LACUNA	
2	ANÁLISE DE FATOS E DADOS	**ONDE** OCORRE?	ESTRATIFICAÇÃO E PRIORIZAÇÃO	
3	O PROCESSO É CAPAZ?	**POR QUE** OCORRE? PROCESSO CAPAZ, PASSO 4 PROCESSO INCAPAZ, PASSO 5.		
4	SIM: VER E AGIR	**O QUE** POSSO FAZER IMEDIATAMENTE?	COMPLEXIDADE E IMPACTO	
5	NÃO: DEFINIÇÃO DA META E PLANO DE AÇÃO	**COMO** RESOLVER DEFINITIVAMENTE?	DIAGRAMA CAUSA-EFEITO **PLANO DE AÇÃO 5WIH**	

DO EXECUTAR				
6	TREINAR OS ENVOLVIDOS	**QUEM** EXECUTARÁ AS TAREFAS? PRECISA SER TREINADO?	TREINAMENTO	
7	EXECUTAR AÇÕES VER E AGIR			
8	EXECUTAR OS PLANOS DE AÇÃO	**EXECUTE** CONFORME PLANO DE AÇÃO	MÃOS À OBRA	

CHECK VERIFICAR				
9	GESTÃO À VISTA	**ATINGIU** O RESULTADO? SE SIM, PASSO 10. SE NÃO, PASSO 8.	REUNIÃO MINUTO	
10	RITUAIS DE GESTÃO	**AÇÕES** REALIZADAS?	GERENCIADOR DE PLANOS	

ACT ATUAR				
11	AÇÕES CORRETIVAS	**RODE O PDCA** NOVAMENTE	ONE PAGE REPORT	
12	PADRONIZAÇÃO	NOVOS PATAMARES DE **RESULTADO** ALCANÇADOS	PROCEDIMENTO OPERACIONAL	

PUBLICAÇÕES AQUILA

Conheça os livros técnicos na área de gestão produzidos pelas nossas referências técnicas.

8 PASSOS DA EXCELÊNCIA

Um guia prático de como levar a sua organização para um novo patamar de resultados

Conheça os conceitos de gestão dos 8 passos, por meio uma visão prática e baseada em uma trajetória para atingir a excelência, elevando sua organização para um novo patamar de resultados. São eles: ambição, governança, evidências, produtividade, qualidade técnica, disciplina, retorno e transparência.

Conheça
e compre

O PODER DA EXCELÊNCIA COMERCIAL

Solução prática de como potencializar seus resultados

Conheça o que tem de melhor na construção de uma cultura comercial de sucesso. Aprenda ferramentas táticas estruturadas para que a sua organização chegue a seu público alvo, maximizando o retorno dessas relações comerciais.

Conheça
e compre

ANÁLISE FINANCEIRA | ENFOQUE EMPRESARIAL

Uma abordagem prática para executivos não financeiros

Com abordagem prática para executivos não financeiros, este livro tem como objetivo trazer ao público não financista pontos relevantes para análise, ação e decisão com base nas finanças corporativas. Somente um controle efetivo dos resultados e uma forte gestão do caixa diminuirão as pressões financeiras a que uma empresa está sujeita.

Conheça
e compre

COMO GERENCIAR E ENFRENTAR DESAFIOS

Tendo como pano de fundo a bela história de José do Egito, este livro inspira-nos a estudar e entender o passado, o qual sempre será referência, construir o presente e projetar o nosso futuro. Por meio de uma linguagem simples e envolvente, o leitor é convidado a fazer uma reflexão sobre como enfrentar e superar desafios e a não desistir diante das dificuldades.

Conheça
e compre

BOX DA DEMANDA
*Um modelo de gestão para **antecipar o futuro** e gerar mais valor para o seu negócio*

Conheça a metodologia que tem como objetivo trabalhar uma visão estratégica e tática, capaz de proporcionar uma previsibilidade comercial que será o ponto de partida para o dimensionamento integrado de suprimentos, produção e logística.

Com a metodologia, você será capaz de dimensionar e calibrar os 4 processos de negócio: ***vender, comprar, transformar e entregar*** e, assim, garantir um aumento do giro do capital empregado do seu negócio.

Conheça e compre

OPERAÇÕES EFICIENTES | EMPRESAS RENTÁVEIS
Melhorando os resultados financeiros por meio da Gestão de Operações

Descubra uma abordagem precisa, simples e prática para potencializar os resultados financeiros da sua organização. Este livro é um guia para executivos que pretendem desenvolver habilidades em Gestão de Operações, identificar indicadores estratégicos, reduzir custos e despesas, expandir a produção e aumentar a receit a. A publicação aborda casos reais e traz conhecimentos para o leitor implantar melhorias em sua empresa com foco e assertividade, sem modismos.

Conheça e compre

CIDADES EXCELENTES
Gestão que transforma a realidade dos municípios brasileiros

Conheça a metodologia que pode transformar a realidade do seu município. Esta obra reúne de maneira inédita o que há de mais moderno para a gestão pública municipal, após 20 anos de serviços em diversas cidades nacionais e internacionais. Aprenda os princípios do ciclo virtuoso de desenvolvimento humano por trás de qualquer cidade excelente e saiba como avaliar e aplicar empiricamente em seu município. Com leitura fácil, simples e que irá te surpreender na busca por melhores resultados.

Conheça e compre

Esta obra foi composta em fonte Avenir, corpo 11,
impressa em papel Pólen bold 90g (miolo) e Supremo 250g (capa).